JN443568

제 2 판

최신무역영어

송 계 의

BUSINESS ENGLISH

탑북스

머리말

인터넷무역이 아무리 발달하여도 무역계약을 체결하고, 이행하며, 대금결제를 원활히 수행하기 위해서는 무역 당사자의 의사를 정확하게 전달하기 위해 부단한 의사소통이 이루어져야 한다. 그리고 이 의사소통이 신속·정확·편리하게 이루어질 때에 인터넷무역은 더욱 촉진될 수 있다. 그런데 의사소통의 수단이 과거 전통적인 우편서신으로부터 팩시밀리 등을 거쳐 최근 인터넷통신으로 발달하여 왔다.

인터넷통신을 통한 무역영어가 인터넷무역을 발달시키는데 기여한 바는 매우 크다. 상거래의 기본이 당사자 상호간의 커뮤니케이션으로부터 출발하는 것이므로, 인터넷무역에 있어서 무역 당사자간의 커뮤니케이션을 담당하는 인터넷통신의 중요성은 실로 막대하다.

이러한 인식 아래, 저자는 인터넷무역을 신속·정확·편리하게 이행하기 위해 매우 중요한 역할을 담당하는 인터넷통신을 기반으로 하는 무역실무영어를 체계적으로 분석하여 이를 정리한 「최신 무역영어」를 저술하게 되었다.

총 3편으로 구성되어 있는 본 저서의 주요한 내용은 다음과 같으며, 각 장마다 「핵심문제」를 제시하여 자격증 취득을 위한 수험공부를 하는데 도움이 될 수 있도록 하였다.

제1편에서는 무역영어의 기본적인 이해를 위해 무역영어의 개념, 특징, 구성과 형식 등을 주로 다루었다.

제2편에서는 무역영어의 통신문 내용분야로서 거래제의, 신용조회, 청약과 승낙, 매매계약과 주문, 운송과 보험, 대금결제, 클레임과 분쟁해결 등의 인터넷무역과 관련된 전반적인 내용을 중심으로 무역영어의 Model Correspondence를 주로 다루었다.

제3편은 인터넷무역과 관련된 각종 서류, 즉 Offer-Sheet, Order-Sheet, 신용장, 선적서류 등과 인터넷무역 관련 국제 법규(Incoterms, 2020 및 UCP, 2007)의 내용을 중점적으로 다루었다.

무역영어 검정시험, 국제무역사, 관세사 등 인터넷무역과 관련된 중요한 자격증 시험에서 무역영어의 비중을 가장 크게 두고 있으며, 또한 무역영어란 한마디로 말해 무역실무절차를 영어로 이행하는 것이므로 무역영어를 모르고서는 무역업무를 전혀 할 수 없어 기업체의 승진시험 등에서도 무역영어를 가장 중요시하고 있다.

이것은 인터넷무역 시대에 있어서는 더욱 그러하다. 그러므로 인터넷무역을 신속 · 정확 · 편리하게 이행할 수 있도록 보조하여 주는 의사소통수단인 인터넷통신을 기반으로 하는 무역영어를 전반적으로 다룬 본서가 인터넷무역의 발전에 조금이나마 기여할 수 있다면 저자로서는 더 없는 영광이 아닐 수 없다.

또한 본서를 저술하는데 많은 서적을 참조하였다. 특히 Model Correspondence를 작성하는데 기존 서적에 게재되어 있는 것을 많이 참조하였다. 일일이 자료의 출처를 밝힐 수 없어 참고문헌에 나열된 서적을 중심으로 전반적으로 참조하였음을 여기에서 밝혀둔다. 아울러 본서를 저술하는데 있어서 물심양면으로 도와주신 인터넷무역, 무역영어 전문가 모두와 동서대학교 국제물류학과 동료 교수, 학생에게 감사드리며, 본서가 출간될 수 있도록 배려하여 주신 탑북스 사장님께 감사의 인사를 드린다.

2020년 7월
민석동산 연구실에서
저 자

차 례

제1편 무역영어의 이해

제10장 선적서류

제11장 무역결제와 관련된 서류

제1편 무역영어의 이해

무역영어의 의의 제 1 장

제1절 무역영어의 개념

무역거래가 원활하게 이루어져 촉진되기 위해서는 무역 당사자 간의 커뮤니케이션이 신속・정확・편리하게 이루어져야 한다. 그런데 무역 당사자 간의 의사를 전달하기 위해 무역영어가 널리 사용되어 왔으며, 그 통신수단으로서 과거 우편, 팩시밀리, EDI 등이 많이 사용되다가 최근에는 인터넷통신이 주로 사용되고 있다.

무역의 특성상 무역거래를 원활하게 수행하기 위해서는 어느 정도 정형화된 수출입거래 절차를 따라야 하며, 무역관련 전문용어의 사용, 무역법규 및 국제통일규칙의 이해, 무역과 관련된 각종 서류의 이해, 무역영어 Model correspondence의 작성과 이해 등이 우선되어야 한다.

무역거래 당사자 간의 커뮤니케이션을 위해 널리 사용되고 있는 전통적인 무역영어 (Business English, Commercial English)의 정의는 다음과 같다.

- **Business English** includes all written messages(in English) that are used in transacting business(Hotchkiss and Kilduff, *Handbook of Business English*)
- **Business English** is standard English adapted to the needs of business. Thus the phrase "Business English" is a term of convenience only. It definitely marks off and stresses specific applications of the English language to certain types of writing (Babenroth, *Modern Business English*)
- **Business English**—what is it? Hardly different indeed from any other English except in its application to business forms, customs and usages.

Once quite technical and legal in expression, it is now becoming simpler, more direct, and personal(Deffendall, *Actual Business English*)

- A **business correspondence** is a private written communication designed to accomplish a specific purpose(C.O.S., *Business English*)
- Every **business correspondence** is a business correspondences ; business English is a combination of good business and good English(Iddittie, *Practical Business English*)

제2절 무역영어의 특징

1 무역영어의 범주

무역거래는 국제거래이므로 국내 상거래와는 달리 복잡한 문제 및 내용을 포함하고 있어 그 범주는 더욱 폭넓은 영역을 포함하고 있다. 그 만큼 상거래와 관련된 모든 내용이 포함된다는 의미이며, 따라서 무역영어는 다음과 같은 영역을 포함한다.

첫째, 무역계약의 체결에서부터 이행 및 결제과정에 이르는 모든 무역거래과정과 관련하여 무역 당사자 간에 교환되는 통신문(Business Correspondence) 등의 메시지가 포함된다.

둘째, 무역거래는 기본적으로 서류거래이므로 무역거래와 관련된 모든 서류, 즉 매매계약서, Offer-Sheet, 신용장, 선화증권, 보험증권 등의 무역서류(Business Documents)도 포함된다.

셋째, 무역거래를 위해 무역 당사자 간에 교환되는 International Mail, Telegram, Telex, FAX, EDI, E-mail, Internet Messages 등도 무역영어의 범주에 포함된다.

넷째, 무역거래에 적용되는 국제규칙, Advertisement, Newspaper, Magazine, 국제간 기술제휴 협정 등도 포함된다.

② 효율적인 무역영어 작성의 요건

무역영어를 효율적으로 작성하여 사용하기 위해서는 다음과 같은 요소를 고려하여야 한다.

첫째, 무역영어라는 것이 무역거래와 관련하여 무역 당사자 간에 교환되는 통신문을 영어로 작성하여 사용하는 것이므로 무역거래에 대한 지식, 무역전문용어의 이해, 무역서류의 이해를 바탕으로 한 Business Expression과 Business Technics가 있어야 하며, 상거래에 대한 Creative Imagination, Intuitive Power, Salesmanship, Business Psychology가 있어야 한다. 또한 무역영어가 영어로 자신의 의사를 표현하고 전달하는 것이므로 훌륭한 영어구사능력(Good Command of English)을 가지고 있어야 한다.

둘째, 무역영어는 무역거래와 관련된 통신문의 교환, 무역서류의 교환 등의 통신수단으로서 인터넷 등을 사용하는 것이므로 인터넷에 대한 기술적, 응용적인 지식을 가지고 있어야 한다. 여기에 인터넷 통신을 원활하게 하기 위한 H/W, S/W적인 정보Infra를 구축하고 있는 것도 중요하며, 최신의 정보통신기술을 적극 활용하는 자세 또한 중요하다.

셋째, 무역영어 등에서 사용하는 문서는 기본적으로 전자문서의 형태를 가지게 되므로, 이러한 전자문서의 법적인 효력 등 법률적인 문제에 대한 지식도 가지고 있어야 한다.

③ 무역영어 작성의 특징

무역영어는 인터넷무역 등 무역거래에서 사용되는 것이므로 그 나름대로 일반영어와 다른 특성을 가지고 있다. 따라서 이러한 차이점을 잘 이해하는 것 또한 무역영어를 잘 작성하고 사용하는데 있어서 매우 중요하다.

첫째, 무역영어에서는 일반영어와는 달리 관용어구를 많이 활용하게 된다. 따라서 간결하고 명확한 표현을 나타내는 관용어구를 잘 활용하여야 한다.

- 회신을 보낼 때
  In reply to your correspondence of March 5, ………
- 거래관계를 개설할 때
  We hope to establish a business relation with you ………
- 감사표시를 할 때
  We shall appreciate it ………

둘째, 무역영어에서 사용되는 영어단어는 동일한 단어일지라도 일반 영어에서와는 달리 사용되고 해석되는 경우가 많이 있으므로 유의하여야 한다.

- offer : 일반 영어에서는 '제안하다' 등의 의미이나, 무역영어에서는 '청약하다'의 의미이다.
- cover : 일반 영어에서는 '덮다' 등의 의미이나, 무역영어에서는 '부보하다, 결제하다'의 의미이다.
- settle : 일반 영어에서는 '설치하다, 해결하다' 등의 의미이나, 무역영어에서는 '결제하다'의 의미이다.

셋째, 무역영어에서는 무역거래와 관련된 전문용어, 즉 FOB, CIF, L/C, B/L 등이 많이 사용되며, 무역거래와 관련된 국제규칙도 인용되는 경우가 많다. 따라서 이러한 무역영어의 특징을 잘 이해하는 것이 무역영어를 잘 구사하고 사용할 수 있는 지름길이다.

한편 무역영어의 첫 번째 목적은 무역 당사자의 의사를 정확하고도 효율적으로 전달하는 것이므로, 그 내용이 간단·명료·정확한 것이 중요하다. 이러한 무역영어의 특징을 반영하여 통신문을 작성하는 것 또한 매우 중요하며, 이 경우 고려할 요소는 다음과 같다.

- Clearness(명료성) : 무역 당사자간의 의사를 명료하게 전달하기 위해서는 애매한 표현, 예컨대 "yesterday, as soon as possible" 등과 같은 표현을 사용하지 말아야 한다.
- Conciseness(간결성) : 표현 내용을 장황하게 설명하거나 수식어를 과다 사용하여 표현하는 것을 자제하고, 간결하게 자신의 의사를 표현하여야 한다.
- Correctness(정확성) : 정확한 영어 문법의 사용 및 상호 모순된 내용의 표현이 없도록 하여야 한다.
- Courtesy(예의성) : 무역도 상거래이므로 당사자 상호간에 최대한의 예의를 가지고 자신의 의사를 표현하여야 한다.
- Coherency(일관성) : 문장 내용 전체가 일관성 있게 작성되어야 한다.
- Completeness(완결성) : 자신의 의사를 완결하게 표현하여 끝맺음을 하여야 한다.
- Character(개성) : 통신문을 통해 무역거래를 성사시키기 위해서는 다른 사람과 차별화를 기할 수 있도록 개성있는 표현으로 작성하여야 한다.
- Cheerfulness(쾌활성) : 무역거래를 성사시키기 위한 것이므로 내용 전체가 밝고, 명랑하며, 긍정적인 표현으로 작성되어야 한다.

무역영어 작성의 구성과 형식

제 2 장

제1절 무역영어 작성의 구성

무역영어는 백지(Plain Paper)에 작성하며, 일반적으로 다음과 같은 요소들로 구성되어 있다.

<table>
<tr><td align="center">Correspondence Head</td></tr>
<tr><td align="right">Date/Ref. No.</td></tr>
<tr><td>Inside Address
Attention of xxx</td></tr>
<tr><td>Salutation</td></tr>
<tr><td align="center">Subject/Caption</td></tr>
<tr><td align="center">Body of Correspondence</td></tr>
<tr><td align="right">Complimentary Close</td></tr>
<tr><td align="right">Signature</td></tr>
<tr><td>Identification Mark
Enclosure Notation
Carbon Copy Notation
Post script</td></tr>
</table>

① Correspondence Head

무역영어를 작성하는 용지의 상단에 발신인 회사명, 회사마크(Marks), 설립연도, 주소, 전신약호(Cable Address), 사용암호장(Code Used), 전화번호, 팩스번호, E-mail Address 및 관련 사항을 미리 인쇄하여 놓고 사용하고 있는데, 이 부분을 Correspondence Head라고 한다.

> ESTABLISHED 2000
>
> JAMES STEWART & CO., LTD.
> Exporters & Importers
> 10 Market Street, Liverpool
>
> Cable Address :
> "STEWART LIVERPOOL"
> Code Used :
> Bentley's & ABC123
>
> Tel : 1631 & 1635
> Fax : 1630 & 1635
> E-mail : gesong@xxxx.xxx

② Date / Ref. No.

발신일자(Date)와 사전에 주고받은 통신문의 참조번호(Ref. No.)를 Correspondence Head의 우측 하단에 기재하여야 한다. 발신일자의 기재방법에는 크게 두 가지가 있으며, 연도 앞에는 항상 쉼표가 들어간다는 것을 유의하여야 한다.

- March 10, 2019 (미국식)
- 10th March, 2019 (영국식)

한편 참조번호는 발신인과 수신인간에 주고받은 통신문의 조회와 정리를 위해 기재하여 주는 것이 좋다.

- Your Ref. No. ----
- Our Ref. No. ----
- File No. ----

Correspondence Head
March 10, 2019, Busan Our Ref. : gesong-123

③ Inside Address

수신인의 주소, 회사명, 성명 등을 Correspondence Head의 좌측 하단에 기재하여 필요시 수신인을 항상 확인할 수 있도록 하는데, 이 부분을 Inside Address라고 한다.

Correspondence Head	
Mr. Song , President Dongseo & Co., Inc. 815 Monument Street San Francisco 12, Calif.	Date/Ref. No.

④ Attention of / Salutation

Inside Address 아래 부분에 필요한 경우 참조인(Attention of xxx)을 기재하며, 밑줄을 그어 강조할 수도 있다.

- Attention : Miss Kim
- <u>Attention of Miss Kim</u>
- ATTN : Miss Kim

한편 서신의 본문이 시작되기 전에 서두인사(Salutation)를 기재하며, 보통 Inside Address와 본문 사이의 좌측에 기재한다.

- Gentlemen : (미국식)
- Dear Sirs : (영국식)

❺ Subject / Body of Correspondence

본문은 Subject 밑에 1줄 정도 띠어 작성하며, 내용은 무역영어 작성 요령에 맞추어 간결 · 명료 · 정확하게 표현한다. 또한 내용 작성시 강조하기 위해 단어의 음절을 나누어(Syllabification) 표기할 수도 있는데, 성명이나 금액에는 음절나누기를 하여서는 안된다.

- dis–count, beaut–ful, ship–ped
- Mr. Smi–th (wrong)
- $100,0–00.00 (wrong)

그리고 필요한 경우 본문 상단 부분에 전체 내용의 주제(Subject/Caption)를 기재하는 것도 바람직하며, 이 경우 밑줄을 그어 강조하기도 한다.

- Subject : Sample No. 123
- <u>Caption : Silver Ware</u>
- Re. : Firm Offer

한편 한 장의 용지로 전체 내용을 작성할 수 없는 경우에는 2~3장의 별도의 용지(Additional Sheet)를 사용할 수 있으며, 이 경우 별도의 용지 상단부분에는 회사명, 페이지 및 발신일자를 기재한다.

Dongseo Trading Co. Inc.	– 2 –	March 10, 2019

❻ Complimentary Close

Body of Correspondence 내용을 모두 기재한 후 Body of Correspondence에서 2줄 정도 띠어 끝맺음 인사말(Complimentary Close)을 기재한다.

- Yours truly, Yours Sincerely (미국식)
- Yours faithfully, Sincerely Yours (영국식)

⑦ Signature

Body of Correspondence와 Complimentary Close 아래 부분에 통신문 작성의 책임자가 누구인지를 입증하는 서명자의 성명과 서명(Signature)을 반드시 자필로 하여야 한다.

Dongseo Trading Co., Inc.

SONG 2019
Gil Dong Song
President

⑧ Identification Mark / Enclosure Notation / Carbon Copy Notation / Post Script

Complimentary Close와 Signature를 한 후 필요한 경우 좌측 하단 부분에 Identification Mark, Enclosure Notation, Carbon Copy Notation, Post Script 등을 기재한다.

Identification Mark은 서명인, 기안인, 타자인 등을 기재하여 필요시 확인할 수 있도록 하여 준다.

- 서명인이 Gyeeui Song인 경우 ; GS : SK : GH
- 기안인이 Sungeun Kim인 경우 ; GS - SK - GH
- 타자인이 Gildong Hong인 경우 ; GS / SK / GH

Enclosure Notation은 서신을 보내면서 가격표, 견적서, Catalogue 등을 동봉하는 경우가 많은데, 이 경우 주의를 환기시켜 주기 위해 표시하여 준다.

- Enclosure(Enc.) : Price List No. 123

- Enclosures(Encs.) : Price List No. 123 & Catalogue
- Inclosure(Inc.) : Price List No. 123
- Inclosures(Incs.) : Price List No. 123 & Catalogue

Carbon Copy Notation은 서신 사본을 수신인 이외의 제3자에게 보내주기를 바라는 경우에 표시하여 준다.

- C.C. – Mr. Song
- Copies to Miss Kim
- Copy to Mr. Song

Post Script(P.S.)은 서신작성을 완료한 후 추가로 기재할 내용이 있는 경우에 기재한다.

- P.S. : We are sending you the Price List and Samples separately.

제2절 무역영어 작성의 형식

무역영어 작성의 배열형식에는 여러 가지가 있지만 크게는 Full Block Style, Semi Block Style과 Indented Style로 나눌 수 있다.

1 Full Block Style

Full Block Style은 무역영어의 구성요소를 모두 왼쪽에 일직선으로 붙여 구성하는 방식이다.

Correspondence Head

Date/Ref. No.

Inside Address
Attention of xxx

Salutation

Subject/Caption

\-
\-
\-
\-\-\-\-\-\-\-\-\-\-\-.

Body of Correspondence

\-
\-
\-
\-\-\-\-\-\-\-\-.

\-
\-.

Complimentary Close
Signature

Identification Mark
Enclosure Notation
Carbon Copy Notation
Post Script

❷ Semi Block Style

Semi Block Style은 Full Block Style을 수정한 것으로 형식이 보기에 좋아 가장 일반적으로 사용되고 있다.

Correspondence Head

Date/Ref. No.

Inside Address
Attention of xxx
Salutation

Subject/Caption

Body of Correspondence

Complimentary Close

Signature

Identification Mark
Enclosure Notation
Carbon Copy Notation
Post Script

③ Indented Style

Indented Style은 Semi Block Style과 유사하나, Inside Address와 Salutation 부분을 2번째 줄부터는 Indented Style로 오른쪽으로 이동하여 기재하는 방식을 말한다.

Correspondence Head

Date/Ref. No.

Attention of xxx
Salutation

Subject/Caption

Body of Correspondence

Complimentary Close

Identification Mark
Enclosure Notation
Carbon Copy Notation
Post Script

핵심문제

*** 다음 문항의 정답을 고르시오.**

1. Good Business Correspondence Writing에 필요한 요소가 아닌 것은 ?

① clearness ② impoliteness
③ coherency ④ character

해설

- good business correspondence writing에 필요한 요소는 Clearness(명료성), Conciseness(간결성), Correctness(정확성), Courtesy(예의성), Coherency(일관성), Completeness(완결성), Character (개성), Cheerfulness(쾌활성) 등을 갖추는 것이다.

2. Good Business Letter Writing으로 부적절한 것은 ? 〈국제무역사 6회〉

① Use adjectives and adverbs sparingly.
② Personalize your letters.
③ Use passive voices as many as possible.
④ Consider goodwill.

해설

- passive voice : 수동태

3. Please choose the most appropriate answer after reading the dialogue. What is the problem ? 〈2009-2회, 1급〉

> A : Could you type this letter for me and get it in mail today?
> B : I'd love to, but I've got to finish this report first. Try Jerry.
> A : I don't believe this! How do they expect us to run this office when we are understaffed like this?

① There aren't enough workers. ② Jerry is absent.
③ The report must be mailed today. ④ The letter must be e–mailed today.

4. 다음 지문을 읽고 물음에 맞는 답이나 가장 관련된 것을 고르시오. 〈2007-1회, 1급〉

> A data process attached to or logically associated with an electronic record and executed or adopted by a person in order to identify that person and to indicate that person's authentication of the electronic record.

① Electronic Record ② Electronic Signature
③ Format ④ Superimposed

해설
· identify : 확인하다. 신원을 감정하다. · authentication : 인증

5. 다음 밑줄 친 부분과 의미가 같은 것을 고르시오. 〈2002-1회, 1급〉

> Day by day receipts of royalties, sightseeing, and income from overseas investment are substituting visible exports.

① capital ② invisible
③ service ④ merchandise

6. "( ) : A facility to allow you to electronically correspond with person(s)"의 ( )에 들어갈 적절한 용어는? 〈2009-1회, 1급〉

① Grace days ② e-Mail
③ Correspondence ④ SWIFT

7. 다음 중 아래 통신문의 시작 문언으로서 가장 적절한 것은? 〈2008-1회, 1급〉

> ( ) that the shipment will be delayed for a few days in the account of a strong typhoon struck now.

① We are afraid to say ② We are pleased to inform you
③ We are glad to say ④ We are happy to advise you

해설
· in the account of ~ : ~ 때문에(=on account of ~)

8. Choose the most appropriate word(s) in order to complete the sentence. 〈2009-2회, 1급〉

> Insecurity in the _____ market has affected consumer _____.

① job – confidence ② job – consumption
③ work – confidence ④ work – trust

9. Choose the most appropriate word(s) in order to complete the sentence.

〈2009-2회, 1급〉

______ imports are increasing and the country now has a big trade ______.

① abroad – deficit
② abroad – shortage
③ foreign – deficit
④ foreign – shortage

10. 다음 지문의 괄호 안에 들어갈 가장 적절한 구문을 고르시오. 〈2006-2회, 1급〉

The (   ) is an important venue for the exporter, to meet prospective buyers, to introduce new product, to get customer feedback on export products, and hopefully to take orders.

① trade fair
② bookstore
③ sports event
④ marketplace

해설

・venue : 행사장소, 행사현장

제2편 무역영어 Model Correspondence

거래처의 선정과 거래제의

제 3 장

제1절 거래처의 선정

① 해외시장조사

무역거래도 상거래이므로 시장조사로부터 출발한다고 할 수 있으며, 따라서 해외거래인 무역거래를 촉진하기 위해서는 해외시장조사를 철저히 하여 잠재고객을 발굴하고 이익실현이 가능한 거래처를 선정하여야 한다.

이 해외시장조사의 내용은 무역환경조사, 마케팅조사, 시장성조사, 잠재고객 발굴 등이 주를 이루며, 그 방법은 직접조사와 간접조사로 나눌 수 있다.

직접조사는 정확성은 우수하나 많은 비용과 시간을 필요로 한다는 점에서 비효율적이라고 할 수 있다. 이 방법은 해외 현지조직을 이용하거나 해외출장 등을 통해 직접 해외시장조사를 한다.

한편 간접조사는 시간과 비용은 절약되나 정확성이 좀 떨어진다는 단점이 있다. 이 방법은 해외시장조사를 대행하여 주는 기관이나, 또는 각종 홍보책자를 통하여 해외시장조사를 한다. 그런데 최근에는 인터넷마케팅 방법이 발달하여 해외 기업 및 시장조사를 사이버 공간에서 간접적으로 행할 수 있다.

➤ 일반적인 간접조사방법

- KOTRA(Korea Trade – Investment Promotion Agency)의 활용
- The Korea Chamber of Commerce and Industry의 활용
- KITA(Korea International Traders Association)의 활용

- 거래은행 또는 동업자의 활용
- 각종 Directory의 활용
- 국내외 주재 영사관의 활용
- 인터넷마케팅의 활용

② 거래처의 선정

해외시장조사 결과 무역거래를 원하는 업체를 발굴한 경우 거래처를 선정하여 적극적으로 무역거래를 추진하여야 한다. 이 거래처를 선정하는 경우에는 그 나라의 무역환경, 즉 정치, 경제, 문화, 법제도 등을 철저히 분석하여 소위 Country Risk에 대비하여야 하며, 무엇보다도 중요한 것은 해외마케팅을 통해 시장성이 있고, 이윤획득이 보장되는 무역거래가 가능한가를 분석하는 것이다.

거래처를 선정한 다음에는 자사의 소개, 자사에 대한 일반사항의 통지, 선정된 거래처에 대한 소개의뢰 및 기타 안내장을 보낸다.

③ Model Correspondence

1) Useful Expression

▶▶ 회사설립 사실의 통지

We wish to inform you that[1] under the auspices of our customers here, we have today been established[2] ourselves at the above address as an exporter.

해설

1) we wish to inform you that ~ : 당사는 귀사에게 ~을 통지하여 드립니다.
2) have today been established ~ : 오늘 ~ 회사를 설립하였습니다.

▶▶ 지점의 이전 및 영업개시

We have the pleasure to inform you that owing to the rapid increase in the volume of trade[1] we recently removed to the new premises[2], 69-1, Jurye, Sasang-Gu, Busan here, and have today opened our business.

해설

1) in the volume of trade : 무역거래 규모
2) the new premises : 새로운 지점(branch)

▶▶ 회사의 합병

We inform you that we have agreed to amalgamate the two houses[1] doing business in this city under the style[2] respectively of K. Hahn and S. Kim.

해설

1) to amalgamate the two houses : 양 회사를 합병하다.
2) under the style : 상호로

▶▶ 자사 소개 및 거래처 발굴

We have been exporting Toys for more than forty years and are now desirous of establishing connection with[1] the most reliable firms[2] of your city.

해설

1) to establish connection with ~ : ~와 거래관계를 창설하다.
2) reliable firms : 신뢰할 수 있는 기업

▶▶ 자사 소개

We have been founded[1] here as exporters of computers under the title of Song & Co.[2] for 10 years.

해설

1) we have been founded ~ : 당사는 ~로 설립되었다.
2) under the title of ~ : ~라는 상호로

자사 소개

Our company was established[1)] ten years ago and has been engaged in exporting various canned food.

해설

1) our company was established : 당사는 설립되었다.

자사 소개

We are pleased to introduce ourselves to you[1)] as one of the most reputable companies of Korean optical goods of various kinds who have been engaged in sale of this line at home and abroad for these 20 years.

해설

1) we are pleased to introduce ourselves to you : 당사를 귀사에게 소개함을 기쁘게 생각합니다.

거래처 소개의뢰

We shall be much obliged[1)] if you will introduce us to some reliable firms in your city who are interested in this line of business.

해설

1) we shall be much obliged ~ : 당사는 ~한다면 매우 감사드립니다.

거래처 소개의뢰

We should appreciate it very much,[1)] if you would let us know the name of any reliable firms enjoying a good reputation[2)] in your city who are interesting in our goods.

해설

1) we should appreciate it very much ~ : 당사는 ~한다면 매우 감사드립니다.
2) enjoy a good reputation : 좋은 평판을 누리다.

▶▶ 거래처의 소개

In reply to your inquiry of March 10, we are pleased to suggest the following firms who may be interested in importing the merchandise you handle.[1)]

해설

1) in importing the merchandise you handle : 귀사 상품을 수입하는데

▶▶ 대리점 소개의뢰

As a leading manufacturer[1)] of Internet Equipments, we wish to expand our market to your district and should like to be put in touch with[2)] a firm or an individual who would be willing to represent us.[3)]

해설

1) leading manufacturer : 선진 제조업체
2) to be put in touch with : 연락하다.
3) to represent us : 당사의 대리점이 되다.

▶▶ 거래처 소개

In reply to your correspondence of March 10, we are pleased to recommend you the following firm who shows a deep interest in dealing in your products.[1)]

해설

1) in dealing in your products : 귀사 제품의 거래에

2) Model Correspondence

Model 1 ›› 자사 설립에 관한 통지

The Korea Silk Co., Inc.
C.P.O. Box 1234, Busan

March 10, 2019

Mr. Song , President
Dongseo & Co., Inc.
815 Monument Street,
San Francisco 12, Calif.

Gentlemen :

I have the honour to announce[1] that I have recently established myself in this city as a dealer in Korean of silk goods, under the name of[2] The Korea Silk Co., Inc.[3] I should mention that for twenty years I acted as a chief buyer[4] in the silk department of Messrs. Hahn & Bros., the leading drapers in Seoul and in this company gained a wide experience of the market[5] here.

I am in a position to[6] supply the best class of silk goods at the most favourable prices.[7]

We are looking forward to[8] hearing from you soon.

Yours truly,

The Korea Silk Co., Inc.
Gil Dong Hong
President

GH / SK

해설

1) I have the honour to announce ~ : ~을 알려드림을 기쁘게 생각합니다(=I have the pleasure to announce).
2) under the name of ~ : ~라는 상호로(=under the title of, under the style of)
3) Co., Inc. : company incorporated의 약자로 주식회사를 의미한다(=Co., Ltd. : company limited)
4) I acted as a chief buyer ~ : 본인은 수입 담당 책임자로 있었다.

5) a wide experience of the market : 폭넓은 시장 판매 경험을 가지고 있는
6) be in a position to ~ : ~의 위치에 있다.
7) at the most favourable prices : 가장 적절한 가격에, 최저가격에
8) be looking forward to ~ : ~를 기대합니다.

Model 2 » 자사 소개와 거래처 발굴

Dongseo Trading Co. Inc.

March 15, 2019

Gentlemen :

We are large dealers in electronic equipments and believe there is a promising market[1] in our country for moderately priced goods[2] of this kind.[3]
We would like you to send us[4] details of your various ranges, including sizes, colours and prices, together with samples[5] of the different quoted.[6]
Your prompt reply would be appreciated.[7]

Yours Sincerely

Dongseo Trading Co., Inc.

SONG 2019
Gil Dong Song
President

Copies to Miss Kim
P.S. : We are sending you one copy separately.

해설

1) there is a promising market : 시장성이 보장되는, 판매이윤이 보장되는
2) moderately priced goods : 적절한 가격의 상품
3) kind : 상품 종류(= line)
4) we would like you to send us ~ : 귀사가 ~을 당사에게 보내주시기를 바랍니다.
5) sample : 견품(=specimen, pattern)
6) quote : 견적하다(=estimate, calculate)
7) your prompt reply would be appreciated : 귀사의 신속한 회신이 있으면 감사드리겠습니다.

Model 3 » 자사 소개와 거래처 발굴

Dongseo Trading Co. Inc.
123, Jurye-2 Dong, Sasang-Ku,
Busan, Korea

March 15, 2019

Gentlemen :

We have the pleasure of announcing to you[1] that we have just established ourselves at the above address as exporters of textiles manufactured in Busan, one of the greatest centers of textiles manufacture in Korea.

We have wide connections with manufacturers,[2] and can supply any quantities promptly and at such low prices[3] as will surely be interesting to you. Our terms[4] are 30 days' after sight[5] under irrevocable letter of credit.[6]

A copy of our catalog[7] has been sent you under separate cover,[8] in which please find particulars[9] of our products, together with prices and discounts.

As to our business standing,[10] we can refer you to[11] the ABC bank of Korea, San Francisco.

Yours truly,

해설

1) we have the pleasure of announcing to you ~ : 당사는 귀사에게 ~을 알려드림을 기쁘게 생각합니다.
2) we have wide connections with manufacturers : 당사는 많은 제조업체와 폭넓은 거래관계를 가지고 있습니다.
3) at such low prices : 매우 저렴한 가격으로
4) term : 거래조건
5) 30 days' after sight : 일람 후 30일 지급조건으로(=30d/s). 환어음은 크게 일람불환어음(at sight)과 기한부환어음(usance)이 있다. 일람불환어음은 환어음의 제시 즉시 지급이 이루어지는 형태이고, 기한부환어음은 환어음이 제시되면 일단 인수를 하고, 환어음의 만기일에 지급이 이루어지는 형태이다.
6) irrevocable letter of credit : 취소불능신용장, 한번 개설되면 신용장거래 모든 당사자의 사전 합의 없이는 신용장의 조건변경 및 취소가 불가능한 신용장을 말한다.
7) catalog : 카탈로그(=catalogue)

8) under separate cover : 별도로 첨부하여(= separately)
9) particulars : 명세서, 설명서(=specifications)
10) our business standing : 당사의 영업상태
11) we can refer you to ~ : 당사에 관하여는 ~로 조회할 수 있도록 귀사에게 알려드립니다.

Model 4 ≫ 자사 대리점 발굴 및 권유

Dear Sirs,

We have been in touch with[1] your Chamber of Commerce,[2] who recommended you as a possible agent for our products[3] in your area. We manufacture the Bright brand cameras, and wish to extend sales ever the whole Europe.[4]

Our cameras have proved highly successful wherever they have been introduced, and we are confident that you will be able to build up a good market in the short time.

Please advise if you are interested in representing us[5] and if you think that the volume of business you can do would warrant our granting you the sole agency[6] for your country.

Yours faithfully,

해설

1) we have been in touch with ~ : 당사는 ~와 연락하여 왔다.
2) Chamber of Commerce : 상업회의소
3) as a possible agent for our products : 당사 제품의 판매 대리점을 할 수 있는
4) to extend sales ever the whole Europe : 유럽 전지역으로 판매를 확대하다.
5) in representing us : 당사의 대리점이 되는데
6) the sole agency : 독점 판매 대리점

Model 5 » 거래처 소개

Gentlemen :

In reply to[1] your correspondence of March 10, we are pleased to suggest the following firm :

Name : Seoul ABC Trading Co., Inc.
Address : 7-77 Myung-Dong, Chung-Ku, Seoul, Korea

While these concerns[2] are reliable and good reputation here, we, of course, are unable to make ourselves responsible for them.

For any information you may desire as to their standing, we advise you to write directly to them who will give you their references.[3]

We hope our reply will be helpful and of service to you, and if there is anything more we can do for you, please do not hesitate to let us know.

Yours sincerely,

해설

1) in reply to ~ : ~에 대한 회신으로서
2) concerns : 회사(= firm, company)
3) references : 조회처, 해당 회사의 거래은행 등이 주로 조회처로 제공된다.

제2절 거래제의

1 거래제의의 의의

철저한 해외시장조사를 통하여 선정한 거래처에 적극적으로 거래제의를 하여야 한다. 이렇게 적극적으로 거래제의서(Circular Correspondence)를 보내어 거래를 제의함으로써 점점 무역거래의 성사단계에 이르게 된다.

이 거래제의를 하는 경우에는 어떻게든 무역거래를 성사시킬 수 있도록 ① 자사의 평판이나 연륜 등을 내세워 상대방의 관심과 주의를 끌 수 있도록 하여야 하며, ② 무역거래를

하는 경우 양 당사자 모두에게 이익이 된다고 생각할 수 있도록 상품의 특성, 시장성 등을 적극적으로 인지시켜야 한다. 그리고 ③ 상품구매에 대한 욕망을 자극하여 무역거래를 성사시키도록 하여야 한다.

❷ Model Correspondence

1) Useful Expression

▶▶ 거래제의를 위한 자사소개

As one of leading textile merchants[1] here, we have been handling[2] various kinds of yarn, fabrics and made-up goods.[3]

해설

1) one of leading textile merchants : 섬유제품을 거래하는 선진 상인중의 하나
2) we have been handling ~ : 당사는 ~의 거래를 취급하고 있다.
3) made-up goods : 생산한 제품

▶▶ 거래제의 가능성 타진

Song & Co., Inc. contacted us tap the possibility of[1] opening an account with[2] Korean exporters.

해설

1) to contact us tap the possibility of ~ : ~의 가능성을 타진하기 위해 당사를 접촉하다.
2) to open an account with ~ : ~와 거래관계를 개설하다.

▶▶ 거래제의

We are offering you goods of the very highest quality on unusually generous terms[1] and would welcome the opportunity to serve you.[2]

해설

1) on unusually generous terms : 매우 좋은 조건으로
2) the opportunity to serve you : 귀사와 거래할 기회

거래제의에 대한 감사의 표시

Thank you for[1] your correspondence of March 15 in which you expressed your willingness[2] to open an account with us.

해설

1) thank you for ~ : ~에 대해 감사드립니다.
2) willingness : 강한 의지

거래제의 및 매출증대 확신

You can be sure of[1] increasing your turnover[2] considerably, if you would allow us to promote sales[3] of your products throughout Korea.

해설

1) be sure of ~ : ~을 확신하다.
2) turnover : 매출액
3) to promote sales : 판매를 촉진하다.

판매가능성 확신

It has seldom been our fortune to meet with a finer consignment than this.[1] Your lot[2] will no doubt meet with a ready sale[3] here.

해설

1) a finer consignment than this : 이 보다 더 훌륭한 제품
2) lot : 판매 제품
3) a ready sale : 안정적인 판매

가격표의 조건 제시

The price list[1] is subject to market fluctuations[2] without notice.

해설

1) price list : 가격표
2) subject to market fluctuations : 시장가격 변동에 따라 가격을 수정하는 조건으로

▶▶ 거래를 위한 카탈로그, 가격표, 상품명세 소책자 송부 의뢰

Will you please send me a copy of your catalogue[1] and price list of portable[2] disc players with copies of any descriptive leaflets[3] that I could pass to prospective customers.

해설

1) a copy of your catalogue : 카탈로그 사본 하나
2) portable : 휴대용
3) descriptive leaflet : 상품명세 소책자(=brochure, pamphlet)

▶▶ 카탈로그, 가격표 송부 의뢰

Please send me your illustrated catalogue[1] and a price list.

해설

1) illustrated catalogue : 사진이 삽입되어 있는 카탈로그

▶▶ 거래제의에 강렬한 의지 표명

We have so far[1] endeavored and always will endeavor, to meet your expectation and courtesy.[2]

해설

1) so far : 이제까지
2) to meet your expectation and courtesy : 귀사의 기대를 충족시키고 호의에 보답하고자

▶▶ 독점 대리판매권의 부여

Until recently we were not in the position to look for additional lines,[1] as we were concentrating our efforts on sales of other lines. However we have now enough ability to expand our sales,[2] and if you agree to grant us a sole agency.[3]

해설

1) lines : 상품 종류
2) to expand our sales : 판매를 확장할
3) to grant us a sole agency : 당사에게 독점 대리 판매권을 부여하다.

거래제의에 대한 신속한 회신 요망

Your prompt attention[1)] to this matter would be highly appreciated.[2)]

해설

1) your prompt attention : 귀사의 신속한 배려
2) be highly appreciated : 매우 감사드립니다.

거래제의에 대한 신속한 회신 요망

We are looking forward to[1)] hearing from you soon.

해설

1) look forward to ~ : ~을 학수고대하다.

2) Model Correspondence

Model 1 » 전기난로 제품에 대한 거래제의

Gentlemen :

Electric Heaters

We were very pleased to[1)] receive your correspondence inquiring[2)] about electric heaters and pleased to enclose[3)] a copy of our latest illustrated catalogue.[4)] We think you may be particularly interested in our Model A heater, our newest model. Without any in fuel consumption,[5)] it gives out 15% more heat than earlier models.

You will find details of our terms[6)] in the price list printed on the inside front cover[7)] of the catalogue. Perhaps you would consider placing a trial order,[8)] to provide an opportunity to test its efficiency. At the same time, this would enable you to[9)] see for yourself the high quality of material.

As raw materials and labor costs have been steadily rising since March, we recommend that you inform us of your need as soon as possible.

Yours Sincerely

해설

1) be very pleased to ~ : ~에 대하여 매우 감사드리다.
2) inquire : 조회하다(=enquire)
3) enclose : 동봉하다(=inclose)
4) latest illustrated catalogue : 가장 최근에 제작한 사진이 삽입되어 있는 카탈로그
5) without any in fuel consumption : 부가적인 연료소모 없이도
6) terms : 거래조건
7) on the inside front cover : 표지 안쪽 면에
8) to place a trial order : 시험주문을 하다. 시험주문은 물품을 받아 보아 시험사용 해본 후에 구매 의사결정을 하는 경우에 이용되는 방식이다.
9) be enable to : 할 수 있다(=can)

Model 2 » 다양한 전자계산기 제품에 대한 거래제의

Gentlemen :

Your name and address[1] were given through the Chamber of Commerce of New York[2] as well as the well-known importers handling various Calculators and we are writing you with a keen desire to open an account with you.

As you will know in the inclosed catalog,[3] we have established here for more than twenty years as exporters of Calculators. In this line of business[4] we enjoy[5] a specially advantageous position as we have wide and close connection with the first-class manufacturers in Korea, and you may be assured that any orders you may send us[6] will be executed[7] at the lowest market prices[8] and on the best terms possible.[9]

We do business[10] on a Irrevocable Confirmed Letter of Credit,[11] under which we draw on a draft[12] at sight.[13] Prices are based on FOB Busan[14] in U.S. dollars.[15]

Our Banker is Korea Exchange Bank, Seoul, to whom you may refer for our business status.[16]

If you are interested in Calculators, please write us conditions[17] upon which you are able to transact with us.[18]

We look forward to your trial order.

Very truly yours,

해설

1) your name and address : 귀사의 상호와 주소
2) Chamber of Commerce of New York : 뉴욕 상업회의소
3) in the inclosed catalogue : 동봉한 카탈로그
4) in this line of business : 이 제품(전자계산기)의 거래에 있어서는
5) we enjoy ~ : 당사는 ~을 누리고 있다.
6) any orders you may send us : 귀사가 당사에게 한 모든 주문품은
7) be executed : 이행되다.
8) at the lowest market prices : 가장 저렴한 시장가격으로
9) on the best terms possible : 가능한 최상의 조건으로
10) we do business : 당사는 거래하고 있다.
11) irrevocable confirmed Letter of Credit : 취소불능확인신용장, 신용장의 조건변경이나 취소가 관련당사자의 동의 없이는 불가능한 신용장이며, 또한 신용장 개설은행의 지급보증과 더불어 확인은행의 이중적인 지급보증이 있는 신용장을 말한다.
12) to draw on a draft : 환어음을 발행하다(= to value on a draft), 신용장결제에 있어서는 수익자인 수출업자가 환어음의 발행인이 되고, 개설은행 또는 수입업자가 환어음의 지급인이 된다.
13) at sight : 일람불 지급조건, 환어음은 크게 일람불환어음(at sight)과 기한부환어음(usance)이 있다.
14) FOB Busan : 부산항 본선인도가격조건으로, FOB는 Free on Board의 약자로서 지정된 선적항의 본선 상을 매도인과 매수인의 비용과 위험부담의 분기점으로 하는 가격조건을 말한다. 따라서 부산항은 선적항이 되며, 매도인은 물품이 부산항의 본선 상에서 매수인에게 인도될 때까지의 일체의 비용과 위험을 부담한다.
15) in U.S. dollars : 결제통화를 표시하는 것으로서, 여기에서는 미국 달러이다.
16) our business status : 당사의 경영상태
17) conditions : 거래조건(=terms)
18) to transact with us : 당사와 거래하다.

Model 3 » 다양한 전자계산기 제품 거래제의에 대한 회신

American Trading Co., Inc.
300 Liberty St. New York,
N. Y. 1005, U.S.A.

Gentlemen :

We have received the circular[1] of March 25 on Calculators. We are carefully deliberating[2] the possibility of commencing business with you,[3] if your terms and conditions meet us.[4]

We should be pleased if you send us your latest catalogue with a price list, informing us of your full discount rates[5] and the period of credit[6] for a substantial amount of orders.[7]

We are looking forward to receiving your reply at an early date.[8]

Yours truly,

American Trading Co., Inc.

Jonson

David Jonson
President

해설

1) circular : 거래제의서
2) deliberate : 검토하다. 고려하다.
3) the possibility of commencing business with you : 귀사와 거래를 개시할 가능성을
4) if your terms and conditions meet us : 만일 귀사의 거래조건이 만족할 만 하다면
5) your full discount rates : 귀사가 허용할 수 있는 최대 할인율
6) the period of credit : 신용으로 외상판매 허용기간
7) for a substantial amount of order : 상당히 많은 주문량
8) at an early date : 신속히

Model 4 》 한국 전자제품에 대한 거래제의

Gentlemen :

We are very glad to hear from[1] our friend Mr. Kim Sung-Kon who has recently returned home from your city that you are very interested in Korean Electronic goods.

Perhaps you may have already heard from Mr. Kim that we have very good business connections with[2] some leading manufacturers in Korea and that we have been exporting our goods to European markets where we enjoy a high reputation.[3]

The enclosed catalogue will give you an idea of our lines. The prices shown on the price list are CIF[4] European port[5] for minimum[6] of 3,000sets.

However, we are prepared to allow an 8 percent discount on your trial order.[7] As for the method of payment,[8] regulations[9] here require all transactions to be based on irrevocable L/C.

Yours truly,

해설

1) be very glad to hear from ~ : ~로부터의 소식에 매우 반가웠습니다.
2) we have very good business connections with ~ : 당사는 ~와 좋은 거래관계를 가지고 있다.
3) we enjoy a high reputation : 당사는 좋은 평판을 누리고 있다.
4) CIF : 운임·보험료 포함 가격조건, CIF는 Cost, Insurance and Freight의 약자로 매도인은 목적항까지 운송계약을 체결하고 운임을 지급하여야 하며, 또한 목적항까지 해상적하 보험을 부보하고 보험료를 납부하여야 하는 가격조건을 말한다.
5) CIF Korea port : CIF 가격조건 다음에 지정된 항구는 목적항을 의미한다.
6) minimum : 최저 주문허용수량
7) trial order : 시험주문
8) the method of payment : 결제방식
9) regulations : 제약조건

Model 5 » 한국산 김치에 대한 거래제의

Gentlemen :

We are in the market for[1)] Korean "Kimchi" and shall be glad to have your lowest quotations[2)] stating your best terms.

We can expect a great demand[3)] for them and shall take quantities[4)] if your products prove excellent in quality and your prices admit of a reasonable margin of profit.[5)]

Please state whether you can supply these goods from stock,[6)] or, if not, how long you would take to deliver quantities,[7)] in the event of larger orders being placed with you.

We shall be obliged if you will send us your latest catalog and any other descriptive literature.[8)]

We shall be glad if you give us a favorable reply as soon as possible.

Yours truly,

해설

1) be in the market for ~ : ~를 구매할 의향이 있다.
2) quotation : 견적서
3) a great demand : 대량수요
4) to take quantities : 상당한 양을 주문하다.
5) a reasonable margin of profit : 상당한 매출이익
6) to supply these goods from stock : 재고품으로부터 공급하다.
7) how long you would take to deliver quantities : 상당히 많은 양을 인도하는데, 어느 정도의 기간이 걸리는지
8) descriptive literature : 명세서

핵심문제

* 다음 문항의 정답을 고르시오.

1. 다음 문장의 의미와 가장 가까운 것은? 〈57회, 2급〉

The only agent permitted to act for principal in a particular territory or matter, though the principal may act for himself.

① co-agent　② buying agent
③ exclusive agent　④ del credere agent

해설
· act for ~ : ~을 대리하다.　· principal : 본인　· exclusive agent : 독점대리인
· del credere agent : 본인(principal)을 위해 대금회수 및 대금지급보증 업무도 수행하는 대리인을 말한다.

2. 다음 밑줄 친 부분과 의미가 가장 먼 것을 고르시오.

They are one of the <u>leading</u> exporters of textiles.

① A1　② prime
③ well-known　④ local

해설
· A1 : 일류의, 선진적인(=prime)

3. 다음 중 아래 〈보기〉의 밑줄 친 어휘와 가장 유사한 것은? 〈2006-2회, 1급〉

보기 Navertheless price of raw materials have <u>soared</u> in the international market recently, we are pleased to offer you at the previous prices.

① have increased steadily　② have risen marginally
③ have jumped up suddenly　④ have increased slightly

4. 다음 문장을 읽고 ( ) 안에 들어갈 가장 적절한 문구를 고르시오.

We shall be much ( ) if you will introduce us to some reliable firms in your city who are interested ( ) this line of business.

① obliged, at ② examined, at
③ examined, in ④ obliged, in

해설
· we shall be much obliged ~ : 당사는 ~한다면 매우 감사드립니다.

5. 다음 문장의 ( ) 안에 알맞은 것을 고르시오. 〈55회, 1급〉

Our personal computers (어느 것에도 뒤지지 않습니다) in prices and performance.

① are second to none ② are none to second
③ are no one to second ④ are never second to none

6. 다음 문장의 괄호 안에 들어갈 적합한 단어나 구를 고르시오. 〈2001-1회, 1급〉

( ) is a series of procedure to investigate overall environment and situation of a specific market and also analyze them to develop new markets and to promote exports.

① Overseas market research ② Credit inquiry
③ Business proposal ④ Offer

7. 다음 문장의 괄호 안에 들어갈 적합한 단어나 구로 구성된 것을 고르시오. 〈2001-2회, 1급〉

( ) means in this sense, a book with pictures and descriptions of products, often distributed free to potential customers as a means of promotional advertising.

① market reports ② trade directory
③ catalogue ④ specification

8. 다음 문장의 해석이 가장 잘된 것을 고르시오. 〈국제무역사 2회〉

The line of credit we have extended reached about US $ 5 million last year.

① 지난 해 당사가 공여한 여신한도는 약 5백만 달러에 달했습니다.
② 지난 해 당사에게 공여된 신용장 금액은 약 5백만 달러이었습니다.
③ 지난 해 당사에게 공여된 여신금액은 약 5백만 달러를 상회하였습니다.
④ 지난 해 당사가 수혜한 신용장 금액은 약 5백만 달러를 넘었습니다.

해설

· line of credit : 신용공여 한도, 여신한도

9. 다음 문장의 영역 중 가장 잘된 것은? 〈국제무역사 5회〉

당사는 한국의 대표적인 봉제완구 수출업체입니다.

① Please allow us to introduce ourselves as leading exporters of Stuffed Toys in Korea.
② We are privileged to introduce ourselves as leading exporters of Stuffed Toys in Korea.
③ We want to introduce ourselves as leading exporters of Stuffed Toy in Korea.
④ We would like to introduce ourselves as leading exporters of Stuffed Toys in Korea.

해설

· leading exporters : 대표적인 수출업체
· be privileged to introduce ~ : ~을 소개할 특권을 가지고 있다.
· would like to introduce ~ : ~을 소개하여 드립니다. ~을 소개함을 기쁘게 생각합니다.

10. 다음 문장을 영작한 부분 중 틀린 곳을 고르시오. 〈2001-1회, 1급〉

주방용품의 원가 상승에도 불구하고 당사는 현재의 가격을 유지할 수 있을 것으로 예상하나, 대체품 모델 제 10호에 대한 가격 인하는 고려 중에 있습니다. 결제는 일람출급 환어음에 의합니다.

① In spite of the increased costs of kitchenware,
② we anticipate to be able to keep the present prices,
③ but consider reducing the prices for substitute Model No. 10.
④ Payment will be made by draft at sight.

11. 다음 문장들을 순서대로 나열하시오. 〈2016-3회, 1급〉

> a. Your order for twenty sets of Easy Way Kitchen Rubber Mats is being processed and will be ready for shipment on January 21.
> b. If you have any questions concerning this order, please do not hesitate to contract John Sanders, our sales representative in your area.
> c. Your goods will be delivered directly to your office U-Pickup service in New York City.
> d. We are pleased to acknowledge your order of January 9.

① d – c – a – b
② d – a – c – b
③ c – a – b – d
④ a – c – b – d

12. 밑줄 친 (가) ~(라)를 대체할 수 없는 것을 고르시오. 〈2016-3회, 1급〉

> We have been exporting travel bags for more than thirty years and (가) willing to open accounts with the most reliable firms in your area.
> We shall be pleased, therefore, (나) if you will kindly introduce us any capable concerns in your area that are interested in this line of business. (다) As for our business standing and activities, we are permitted to mention Seoul Bank as a reference. (라) Any information with which you may favor us will be much appreciated and we earnestly await your reply.

① (가) would like to start a new business with
② (나) if you provide us with a list of competitive companies
③ (다) With regard to our business position
④ (라) We will be much appreciated for any information about us

13. 빈칸에 들어갈 적절한 표현을 고르시오. 〈2017-2회, 1급〉

> We shall much appreciate it if you will inform us (a) their financial status, business capacity and the general reputation in your city. (b) the above, we will be greatly obliged for your furnishing us (c) what you know about the company.

① (a) of – (b) In addition to – (c) with
② (a) about – (b) Regardless of – (c) for
③ (a) of – (b) Despite – (c) about
④ (a) with – (b) because of – (c) with

14. 빈칸에 들어갈 단어로 적절한 것을 고르시오. 〈2018-3회, 1급〉

> Dear Simon Lee,
>
> I intend to place a substantial order with you in the next few months. As you know, over the past two years I have placed a number of orders with you and settled promptly, so I hope this has established my reputation with your company. Nevertheless, if necessary, I am willing to supply (   ).
>
> I would like, if possible, to settle future accounts every three months with payments (   ) quarterly statements.

① credits – for
② references – against
③ credits – against
④ debits – from

15. 다음 문장들을 순서대로 나열하시오. 〈2017-3회, 1급〉

> Pleases send us your current catalogue and price list for bicycles. We are interested in importing models for both men and women.
> a. This would enable us to maintain the low selling prices which are important for the growth of our business.
> b. In return we would be prepared to place orders for a guaranteed annual minimum number of bicycle, the figure to be mutually agreed.
> c. If the quality of your products is satisfactory and the prices are reasonable, we would place large orders.
> d. We are the leading bicycle dealers in this city where cycling is popular, and have branches in five neighbouring towns.
> e. Please indicate whether you will allow us a quantity discount.

① d – e – c – b – a
② d – e – c – a – b
③ d – c – e – a – b
④ d – e – b – a – c

16. 다음 중 빈칸에 들어갈 단어로 적절한 것을 고르시오, 〈2018-1회, 2급〉

> I wish to say at once how pleased we were to receive your request of 12th March for waterproof garments on approval.
>
> As we have not previously done business together, perhaps you will kindly supply either the usual (a), or the name of a (b) to which we may refer.

Then as soon as these inquiries are satisfactorily settled, we shall be happy to send you a good selection of the items you mentioned in your letter.

We sincerely hope this will be the beginning of a long and pleasant business association. We shall certainly do our best to make it so.

Yours faithfully
David Choi

① (a) L/C (b) – marketing manager
② (a) quotation (b) – company
③ (a) trade reference (b) – bank
④ (a) receipt (b) – stock company

17. 밑줄 친 문장과 가장 비슷한 것은 무엇인가? 〈2018-2회, 2급〉

We can say that <u>our product is the cheapest in the market.</u>

① Some other product in the market is as cheap as ours.
② Any other product in the market is as cheap as ours.
③ No other product in the market is as cheap as ours.
④ Other product in the market is as cheap as ours.

18. 다음 중 빈칸에 적절한 것을 고르시오. 〈2018-3회, 2급〉

(   ) your inquiry of yesterday, we have pleasure (   ) the following information. We are looking forward to (   ) from you soon.

① In reference of, in receiving you with, hearing
② In response to, in furnishing you with, hearing
③ In reply to, of giving you, hear
④ In reference of, in giving you with, hear

19. 다음 문장들을 가장 적절한 순서대로 나열하시오. 〈2018-1회, 2급〉

> Dear Mr. Dave,
>
> Thank you for your response to our quotation made in our letter of November 17.
> (a) Thus, it will not be possible to accommodate your request.
> (b) In these respects we are ready to proceed at any time.
> (c) Your requirements regarding specifications, supply volume and delivery pose no problems on our side.
> (d) Please understand, however, that the prices we quoted are firm and consistent with our pricing for all markets.
>
> We look forward to receiving your firm order soon and to doing business with you

① (b) – (d) – (c) – (a) ② (c) – (b) – (d) – (a)
③ (d) – (b) – (c) – (a) ④ (a) – (d) – (b) – (c)

20. 다음 중 이전 서신에서 찾을 수 있는 것은 무엇인가? 〈2018-1회, 1급〉

> Thank you for your inquiry regarding opening an account with our company. Please, fill in the enclosed financial information form and provide us with two or more trade references as well as one bank reference. Of course, all information will be kept in the strictest confidence.
> Thank you very much for your cooperation.

① We therefore request you to send us the names of three department stores with which your company already has accounts at present.

② If your company can supply us with two additional credit references as well as current financial statements, we will be pleased to reconsider your application.

③ We request that you open an account with us on 30-day credit terms, starting with the order listed.

④ I have enclosed our company's standard credit from for you to complete and would appreciate it if you would return it to me as soon as possible.

조회와 청약

제 4 장

제1절 신용조회

1 신용조회의 의의

해외시장조사를 통하여 거래처를 선정한 후에는 그 거래처에 대한 신용조회를 철저하게 하여야 한다. 무역거래는 국제거래이므로 신용위험을 포함한 많은 위험을 내포하고 있다. 즉, 물품을 선적하여 주고 대금을 회수하지 못하거나, 운송중의 위험, 환율변동에 따른 위험, 물가변동에 따른 위험, 수입국의 정치적 위험 등 매우 다양하다. 그러므로 이러한 무역거래에 따르는 위험을 최소화하기 위해서는 거래처에 대한 신용조회를 철저히 하여야 한다.

신용조회를 하는 방법은 해외시장조사의 방법과 마찬가지로 직접조사와 간접조사 방법이 있다. 직접조사는 자사의 해외조직이나 판매원의 해외출장을 통하여 조사하는 방법으로 비용과 시간이 많이 소요되는 단점이 있으며, 또한 거래처에서 처음 소개받은 경우에 신용조회에 잘 응해주지 않을 경우도 있다. 그러나 이 방법은 정확성이 있다는 장점을 가지고 있다.

한편 간접조사 방법은 무역 당사자 상대방이 제공한 객관적인 제3의 조회처를 통하여 신용조회를 하는 방법이며, 시간과 비용이 저렴하면서도 객관적이고 정확한 조회를 할 수 있어 일반적으로 많이 활용되고 있다.

일반적으로 많이 활용되고 있는 제3의 조회처는 다음과 같다.

- 상대방이 제공한 신용조회처
  - 거래은행 신용조회처(Banker Reference)

- 동업자 신용조회처(Trader Reference)
- 상업흥신소(Mercantile Agency)
- 인터넷 신용조회
- 기타 신용보증기금 등

② 신용조회의 내용

신용조회는 거래처의 자본상태, 경영능력, 상도덕성, 거래조건과 시장성 및 담보능력 등을 조회하는 것으로서 주요한 내용은 다음과 같다.

- 자본상태(Capital) : 수권자본(Authorized Capital), 차입자본(Loan Capital), 자기자본(Owned Capital), 신용상태(Credit Standing), 재무상태(Financial Status), 지급능력(Solvency) 등
- 경영능력(Capacity) : 연간매출액(Annual Proceeds), 생산능력(Production Ability), 거래관계(Business Connection)
- 상도덕성(Character) : 거래형태(Mode of Doing Business), 평판(Reputation)
- 거래조건 및 시장성(Conditions)
- 담보능력(Collateral) 등

한편 신용조회서에 기재할 내용은 일반적으로 다음과 같다.

- 조회 상사의 상호와 주소 및 연락처
- 신용조회의뢰의 이유
- 구체적인 조회 내용
- 조회내용의 비밀유지와 조회비용 부담 약속
- 조회결과 연락처
- 감사의 표시와 협조 요청 등

③ Model Correspondence

1) Useful Expression

▶▶ 조회처 제공

As to our standing[1] we may refer you to our banker,[2] The Bank of ABC and to our trader,[3] ABC Trading Co.

해설

1) as to our standing : 당사의 영업상태에 관하여
2) we may refer you to our banker : 귀사는 당사의 거래은행에 조회할 수 있습니다.
3) we may refer you to our trader : 귀사는 당사의 동업자에게 조회할 수 있습니다.

▶▶ 조회처 제공

If you are interested in our proposal,[1] we should be pleased to provide our bank and trade references.[2]

해설

1) proposal : 거래제의
2) our bank and trade references : 당사의 은행 및 동업자 조회처

▶▶ 조회 의뢰

We should be much obliged if you would furnish us with a report on the financial standing and reputation of the firm.[1]

해설

1) the financial standing and reputation of the firm : 그 회사의 재무상태 및 평판

▶▶ 조회 의뢰

We should be much obliged if you would give us your opinions of their solvency and trustworthiness.[1]

해설

1) solvency and trustworthiness : 지급능력 및 신용도

▶▶ 조회결과의 통보

We understand that the company is in a sound liquid position[1] and that it has sufficient capital[2] for its requirements.

해설

1) in a sound liquid position : 유동자산상태가 건전한
2) sufficient capital : 충분한 자본

▶▶ 조회결과의 통보

They are a private company[1] run as a family concern[2] and have placed regular orders with us[3] for 5 years. They were rated[4] as one of the safest accounts[5] here.

해설

1) a private company : 개인기업, 주로 가족회사 형태로 운영되는 기업을 말한다.
2) concern : 기업(=firm, company)
3) to place regular orders with us : 당사에 정규적인 주문을 하다.
4) rate : 평가하다.
5) the safest accounts : 가장 안전한 거래관계를 유지하는 기업

▶▶ 조회결과의 통보

The firm you inquired in your correspondence of April 7 is one of the most reliable importers[1] in this area. We have been doing business with them for more than ten years.

해설

1) one of the most reliable importers : 가장 신뢰할만한 수입업자 중의 하나

조회결과의 통보

We have found them in perfectly sound financial situation[1] through our experience that payments[2] have been always settled promptly.

해설

1) in perfectly sound financial situation : 완전하게 건전한 재무상태
2) payments : 대금결제

조회 정보의 비밀유지 부탁

We must ask you to treat it as strictly confidential.[1]

해설

1) as strictly confidential : 엄격하게 극비로

조회 정보의 비밀유지 부탁

This information is supplied for your files only[1] and we ask you to ensure that the information we have given to you will be held in strict confidence.[2]

해설

1) your files only : 참조 자료로서만
2) in strict confidence : 엄격한 비밀로

조회 정보의 비밀유지 보장 및 비용부담

Any information you can afford to us will be kept in strict confidence and expenses will be gladly paid by us upon receipt of your report.[1]

해설

1) upon receipt of your report : 조회결과 보고서를 받자마자

조회결과에 대한 감사표시 및 비밀유지 보장

Any information you may give us will be appreciated and treated[1] as strictly confidential.

해설

1) treat : 취급하다.

조회 비용부담

Any expenses connected with this credit inquiry[1] will be promptly paid by us on receipt of your bill.[2]

해설

1) credit inquiry : 신용조회
2) on receipt of your bill : 귀사의 청구서를 받자마자

2) Model correspondence

Model 1 » 방수복 거래를 위한 조회처 제공 의뢰

Gentlemen :

I was very pleased to receive your request of March 12 for waterproof garments[1] on approval.[2]

As we have not previously done business together,[3] I am very sorry that I must request either the usual trade references,[4] or bank references.[5] As soon as these inquiries are satisfactorily settled, we shall be happy to send you a good selection of the items[6] mentioned in your correspondence.

I sincerely hope that our first transaction together will be the beginning of a long and pleasant business association.[7]

Yours truly,

해설

1) waterproof garments : 방수복

2) on approval : 승인조건부 매매, 물품을 받아 보고 검토한 후 구매 결정하는 조건부 매매방식
3) we have not previously done business together : 당사와의 거래관계가 없었다.
4) trade references : 동업자 조회처
5) bank references : 은행 조회처
6) items : 상품 종류(=lines)
7) be the beginning of a long and pleasant business association : 지속적이고 호의적인 거래관계의 시발점이 되다.

Model 2 » 거래 전 신용조회 의뢰

Gentlemen :

The Wilson Co., Inc., L.A. have asked for a credit of U.S.$ 1,000,000,[1] but as our knowledge of the company is limited to a few months trading on a cash-on-invoice basis,[2] we should like to have some information about their financial and credit standing before dealing with their request.[3]

The only reference they give us is that of their bankers, City Bank of L.A. We shall be most grateful for any information you can obtain for us.

Yours faithfully,

해설

1) a credit of U.S.$1,000,000 : U.S.$1,000,000 만큼의 신용 외상거래
2) on a cash-on-invoice basis : 현금결제 방식으로
3) before dealing with their request : 그들 회사의 요청대로 거래하기 전에

Model 3 » 거래할 기업에 대한 조회 의뢰

Korean Trading Co., Inc., Busan are anxious to open an account with us and have given us your name as a reference. We shall appreciate it very much if you would inform us in confidence[1] what information you may give concerning the following firms:

1. How long have they been opened?
2. their credit and financial standing
3. reputation among allied enterprises[2)]
4. key people and their mode of doing business
5. resources?
6. amount of credit[3)] that may be given

Any other information you can supply for us would be very much welcome, and will, of course, be treated as strictly confidential. And we are looking forward to hearing from you soon and any expenses connected with this inquiry will be gladly paid by us upon receipt of your bill.

Yours faithfully,

해설

1) in confidence : 극비로
2) among allied enterprises : 거래기업 사이에서
3) amount of credit : 신용 외상거래 금액

Model 4 » 조회결과 통보

Gentlemen :

In reply to your inquiry, we have the pleasure to report to you on them as followings.

They was established in 1900 and we believe them to be trustworthy, reliable and to be a good reputation in business circles. The key people[1)] in the firms are rather honest and aggressive[2)] in doing business.

They have sufficient and efficient resources.[3)] And they may give you U.S.$5,000 amount of credit.

We request you to consider this information confidential.

Yours faithfully,

해설

1) the key people : 회사 경영진
2) rather honest and aggressive : 매우 정직하고 진취적인
3) sufficient and efficient resources : 풍부하고 효율적인 경영자원

Model 5 » 조회결과 통보

We are pleased to enclose a credit information[1] regarding the following firms, relative to which you inquired in your correspondence.

1. Daihan Trading Co., Inc.
   123 Muyng-dong, Chung-ku, Seoul, Korea
2. Korean Trading Co., Inc.
   123, Curye-2dong, Sasang-Gu, Busan, Korea

Their financial status has been very sound[2] since their opening of business. And they are enjoying a good reputation in the business circle[3] for their punctuality in meeting their obligations.[4]

This is given to you in confidence and will, we trust, serve your purpose.

Yours faithfully,

해설

1) a credit information : 신용정보
2) very sound : 매우 건전한
3) in the business circle : 거래관계에 있어서
4) for their punctuality in meeting their obligations : 채무를 정확하게 변제하는

제2절 거래조건 조회

1 거래조건 조회의 내용

무역거래에서는 본격적인 계약체결에 들어가기 전에 전반적인 무역거래조건을 조회하게 된다. 무역거래과정에서 발생할 수 있는 당사자 간의 의견 불일치를 사전에 예방하고, 안정적이고 확실한 무역거래를 보장받기 위해서 거래조건을 자세하게 조회하는 것이다.

무역거래조건을 조회하는 내용은 거래당사자의 법률적인 지위 및 무역거래의 6대조건, 즉 품질조건, 수량조건, 가격조건, 선적조건, 보험조건, 결제조건 등이다.

1) 거래당사자의 법률적인 지위

무역계약은 국제간에 수출업자(Exporter)인 매도인(Seller)과 수입업자(Importer)인 매수인(Buyer) 사이에 이루어지는 계약이다. 이러한 무역계약에서 무역거래 당사자는 본인이 무역계약에 대한 직접적인 권리와 의무를 부담하느냐, 아니면 무역거래를 단순히 중개하는 것이냐에 따라 본인(Principal)과 대리인(Agent)으로 구분할 수 있다.

그러므로 무역거래는 다음과 같은 4가지 유형의 거래형태가 있을 수 있다.

- 본인(Principal)과 본인(Principal) 간의 거래
- 본인(Principal)과 대리인(Agent) 간의 거래
- 대리인(Agent)과 본인(Principal) 간의 거래
- 대리인(Agent)과 대리인(Agent) 간의 거래

그런데 대리인(Agent)은 일단 무역계약이 체결되면 법률적인 지위에서는 제외된다. 그러나 특약에 의해 매도인의 대리인(Agent)이 자신의 위험부담 하에 매도인에 대해 대금지급약속을 하고, 수입업자로부터의 대금회수를 책임지고 담당하는 형태를 취하는 경우가 있는데, 이 경우의 대리인(Agent)을 "del credere Agent"라고 한다.

2) 품질조건(Quality Terms)

무역거래 물품의 품질을 결정하는 방법에는 크게 견품매매와 설명매매가 있으며, 설명매매는 다시 표준품매매, 규격매매, 상표매매 및 명세서매매로 분류할 수 있다.

(1) 견품매매(Sale by Sample)

무역거래 품질결정방법 중 가장 일반적으로 사용되는 방법으로서, 거래당사자가 제시한 견품과 동일한 품질의 물품을 인도하도록 약정하는 것이며, 이 견품에는 다음과 같은 3가지 유형이 있다.

- Seller's Sample : 매도인이 제시한 견품
- Buyer's Sample : 매수인이 제시한 견품
- Counter's Sample : 상대방이 제시한 견품에 대한 수정 견품

(2) 설명매매

설명매매는 견품을 제시하는 것이 아니라 상표, 설계도면, 설명서 등을 통해 그 설명내용과 일치하는 품질의 물품을 인도하도록 약정하는 형태를 말하며, 이에는 다음과 같은 것들이 있다.

(가) 표준품매매(Sale by Standard)

객관적인 표준을 기초로 하여 그 표준과 동일한 품질의 물품을 인도하도록 약정하는 형태이며, 이에는 FAQ, GMQ, USQ 등의 품질결정방법이 있다.

- FAQ(Fair Average Quality) : 곡물류, 수산물, 과실류, 광산물 등의 품질결정에 사용되는 방법으로서 생산된 물품 중 선적지에서 중등의 품질을 갖춘 물품을 인도하도록 약정하는 방법이다.
- GMQ(Good Merchantable Quality) : 원목, 냉동수산물, 판자 등의 품질결정에 사용되는 방법으로서 목적지에서 시장판매에 적합한 품질을 갖춘 물품을 인도하도록 약정하는 방법이다.
- USQ(Usual Standard Quality) : 원면 등의 품질결정에 사용되는 방법으로서 선적지에서 보통 품질을 갖춘 물품을 인도하도록 약정하는 방법이다.

(나) 규격매매(Sale by Grade or Type)

"KS표시" 규격물품과 같이 국제적으로 규격이 통일된 물품의 품질을 결정하는 방법이다.

(다) 상표매매(Sale by Trade Mark or Brand)

"Coke"와 같이 국제적으로 그 품질이 인정된 상표로 품질을 결정하는 방법이다.

(라) 명세서매매(Sale by Specification or Description)

선박, 항공기 등의 무역거래에 사용되는 방법이며, 그 물품의 설계도면, 청사진 등으로 물품의 품질을 결정하는 방법이다.

한편 물품의 품질을 결정하는 시기와 관련하여서는 선적품질조건(Shipped Quality Terms)과 양륙품질조건(Landed Quality Terms)이 있다. 일반적으로 적용되고 있는 선적품질조건은 선적시의 물품의 품질이 계약과 일치할 것을 요건으로 하는 것이며, 양륙품질조건은 양륙시의 물품의 품질이 계약과 일치할 것을 요건으로 하는 것이다.

그리고 곡물거래에 있어서는 다음과 같은 특수한 방법으로 품질결정시기를 결정하고 있다.

- Tale Quale(TQ) : 곡물거래에 사용되는 선적품질결정 방법이다.
- Rye Terms(RT) : 곡물거래에 사용되는 양륙품질결정 방법이다.
- Sea-Damaged Terms(SD) : 곡물거래에 사용되는 것으로, 원칙적으로는 선적품질결정 방법이지만, 운송 중 해수에 의한 물품의 손해는 매도인이 부담하기로 하는 조건이다.

3) 수량조건(Quantity Terms)

수량조건에서는 수량의 단위, 수량의 표시방법 및 수량의 결정시기 등을 결정하는 것이 중요하다.

(1) 수량의 단위

(가) 중량(Weight)

- Weight Ton(w/t), Pound(lb), Kilogram(kg), Gram(g), Ounce(oz), Pint(pt)
- Long Ton(=2,240 lbs), Metric Ton(=2,204 lbs), Short Ton(= 2,000 lbs)

(나) 용적(Volume)

- Measurement Ton(m/t), Cubic Meter(cbm), Cubic Feet(cft), Gallon(gal), Barrel(bar)

(다) 넓이(Width)

- Acre, Super Foot(sf=1'x1'x1')

(라) 길이(Length)

- Yard(yd), Inch(in), Foot(ft), Kilometer(km), Meter(m)

(마) 개수(Piece)

- Set, Piece(pc), Dozen(doz), Gross(12x12), Great Gross(12x12x12), Small Gross(10 doz)

(바) 포장단위

- Box, Drum, Bag, Sack, Bale, Case(c/s), TEU(Twenty Feet Equivalent Unit), FEU(Forty Feet Equivalent Unit)

(2) 수량의 표시방법

물품의 수량을 표시하는 방법에는 컨테이너 물품과 같은 포장단위 물품과 Bulk Cargo와 같은 개체물품에 따라 여러 가지가 있다.

(가) 총중량조건(Gross Weight Terms)과 순중량조건(Net Weight Terms)

총중량조건은 포장무게를 포함한 물품의 총중량을 의미하며, 순중량조건은 포장무게를 제외한 물품의 순중량을 의미한다.

(나) 최소인수가능수량(Minimum Quantity Acceptable)과 최대인수가능수량(Maximum Quantity Acceptable)

극히 적은 수량의 주문을 거절하기 위해 사용되는 최소인수가능수량은 주문수량을 받아들일 수 있는 최소수량을 의미하며, 재고가 없어 적은 수량만의 주문을 인수하기 위해 사용되는 최대인수가능수량은 주문수량을 받아들일 수 있는 최대수량을 의미한다.

(다) 과부족용인조건(More or Less Clause)

Bulk Cargo에서와 같이 운송 중 수량의 변화가 예상되는 물품에 한하여 약정된 수량에서 약간의 과부족을 인정하는 조건이다. 예컨대 "5% more or less at seller's option"으로 약정한 경우 운송 중 5%의 과부족이 인정된다.

(라) 개산(槪算)수량조건(Approximate Quantity Terms)

Bulk Cargo의 수량조건에 있어서는 Approximate, About, Circa, Around, Some와 같은 용어가 수량에 사용되면 운송 중 10%의 과부족이 인정된다. 예컨대 "approximate 1,000 pcs"으로 표시되어 있는 경우 운송 중 10%의 과부족이 인정된다.

(3) 수량의 결정시기

수량의 결정시기를 정하는 방법에는 선적수량조건(Shipped Quantity Terms)과 양륙수량조건(Landed Quantity Terms)이 있다. 선적수량조건은 선적시의 수량이 계약수량과 일치하여야 되는 조건이며, 양륙수량조건은 양륙시의 수량이 계약수량과 일치하여야 되는 조건이다.

4) 가격조건(Price Terms)

무역거래에 있어서 매수인이 지급하여야 하는 물품의 가격은 일반적으로 매도인이 부담하는 제조원가, 물류비, 각종 수수료 및 희망이익으로 구성된다. 그런데 실제적으로 물품의 가격은 매도인과 매수인이 어디까지 비용을 부담하여야 하는가에 따라 결정되므로, 매도인과 매수인의 비용부담의 분기점을 정하는 것이 가격조건에서 매우 중요한 의미를 가진다.

무역거래는 계약당사자간의 합의로부터 출발하는 것이므로, 무역거래에서 발생하는 수많은 권리와 의무관계를 매번 계약시 마다 일일이 합의한다는 것은 매우 번거롭고 부정확할 수 있다. 따라서 무역계약 당사자들은 오래 전부터 정형화된 거래조건을 사용함으로써 이러한 불편을 극복해 왔다.

이러한 매도인과 매수인의 비용부담의 분기점 및 권리・의무관계를 정하고 있는 정형거래조건(Trade Terms)에는 국제상업회의소(ICC)가 1936년에 제정하여 무역환경의 변화에 따라 수차례 개정하여 2020년 1월 1일부터 효력이 발생되어 사용하고 있는 Incoterms, 2020(International Commercial Terms, 2020 : International Rules for the Interpretation of Trade Terms, 2020)이 가장 대표적인 것이다. 이 정형거래조건은 무역계약의 보완적인 기능을 하고 있고, 당사자 간에 분쟁발생시 법률관계의 해석기준으로 사용되어, 정형거래조건에 대한 상이한 해석으로 인한 오해와 마찰, 기타 위험요인들을 제거 또는 경감하여 줌으로써 무역계약 당사자들에게 시간과 비용의 절감 및 많은 편리성을 제공하고 있다.

Incoterms, 2020에는 모두 11개의 정형거래조건이 규정되어 있으며, 다음과 같이 2개의 군으로 구성되어 있다.

모든 운송방식에 사용	**EXW** Ex Works(지정장소 공장인도) **FCA** Free Carrier(지정장소 운송인인도) **CPT** Carriage Paid to(지정목적지 운송비지급인도) **CIP** Carriage and Insurance Paid to(지정목적지 운송비・보험료지급인도) **DAP** Delivered at Place(지정목적장소 인도) **DPU** Delivered at Place Unloaded(지정목적장소 인도) **DDP** Delivered Duty Paid(지정목적지 관세지급인도)
해상운송 방식에 사용	**FAS** Free Alongside Ship(지정선적항 선측인도) **FOB** Free on Board(지정선적항 본선인도) **CFR** Cost and Freight(지정목적항 운임포함인도) **CIF** Cost, Insurance and Freight(지정목적항운임・보험료포함인도)

5) 선적조건(Shipment Terms)

무역계약에서 매도인의 중요한 의무 중의 하나가 약정한 물품을 선적하여 매수인에게 인도하는 것이다. 따라서 선적행위는 물품의 인도를 위한 것이므로 선적조건을 인도조건이라고도 한다. 그런데 여기에서 선적은 해상운송에서의 본선적재(Loading on Board)만을 의미하는 것이 아니고, 항공기 또는 화차에의 적재(Loading), 우송물의 발송(Despatch) 및 복합운송을 위한 화물의 접수(Taking in Charge) 등을 포함하는 광의의 개념이다.

선적조건에서 중요한 내용은 선적시기, 분할선적, 환적, 지연선적 및 선적일의 입증 등이다.

(1) 선적시기

선적시기는 구체적으로 월, 일 등을 제시하여 약정하는 것이 일반적이다.

- 單月조건 : 4월중 선적(during April), 7월중 선적(during July) 등으로 약정
- 連月조건 : 4/5월중 선적(during April/May) 등으로 약정
- 특정 일/월 이전 혹은 이내 조건 : 5월 10일까지 선적(by May 10), 5월까지 선적(by May), 계약 후 2개월 이내 선적(within two months after contract) 등으로 약정

(2) 분할선적(Partial Shipment)

선적하여야 할 물량이 많은 경우, 또는 매수인의 요청에 의해 분할선적이 요구되는 경우가 있다. 이 경우에는 분할횟수, 각 분할선적 수량 및 각 분할선적분의 시기 등을 사전에 합의하여 놓아야 한다. 이러한 분할선적은 신용장에서 금지하고 있지 않은 한 일반적으로 허용되고 있다.

(3) 환적(Transhipment)

선적된 운송수단으로부터 다른 운송수단으로 이적하는 것을 환적이라고 한다. 이러한 환적은 복합운송시대에 있어서는 필연적으로 발생하는 경우가 많아 일반적으로 허용되고 있다.

(4) 지연선적(Delayed Shipment)

약정된 선적일 내에 선적하지 못하는 경우를 지연선적이라고 한다. 이러한 지연선적은 매도인의 귀책사유로 인한 경우에는 원칙적으로 계약위반이 되지만, 불가항력에 의해 지연선적이 발생한 경우에는 면책된다.

(5) 선적일의 입증

선적일의 입증이 곤란한 경우가 발생할 수 있는데, 이러한 경우 선화증권(B/L) 발행일이 선적일로 인정된다.

6) 보험조건(Insurance Terms)

매도인이 매수인에게 물품을 선적하여 인도하기 위해서는 필연적으로 운송행위를 이행하게 된다. 그런데 이 운송 중에는 다양한 위험에 물품이 노출되어 손상을 입을 수 있으므로 보험에 부보하여 이를 커버하여야 한다.

이러한 보험에는 해상운송 위험을 커버하기 위한 해상적하보험(Marine Cargo Insurance), 항공운송이나 육상운송 위험을 커버하기 위한 항공운송보험, 육상운송보험 및 복합운송 위험을 커버하기 위한 일관운송보험 등이 있다.

보험조건의 중요한 내용은 보험자, 피보험자, 보험계약자, 보험기간 및 보험금액 등을 결정하는 것이며, 이 보험조건은 정형거래조건에 따라 상이하다. 한편 해상적하보험에 적용되는 부보조건에는 런던보험자협회(The Institute of London Underwriters)가 제정한 구협회적하약관(Old Institute Cargo Clause)과 신협회적하약관(New Institute Cargo Clause)이 있다.

(1) 구협회적하약관(Old Institute Cargo Clause)

(가) (Against) All Risk

AAR 또는 AR(전위험담보) 약관으로 면책비율을 적용하지 않고 소손해도 보상해 주는 전위험담보조건으로서 그 담보범위가 가장 크다.

(나) With Average

WA(분손담보) 약관으로 전손, 공동해손 및 단독해손까지 보험자가 담보해 주는 조건이다.

(다) Free from Particular Average

FPA(분손부담보) 약관으로 특정 화주만이 단독으로 입은 단독해손에 대하여는 보험자가 보상하지 않는 조건이다. 이 조건은 구협회적하약관 중에서는 가장 담보범위가 작으며, 무역보험에서 가장 일반적으로 적용되는 조건이다.

(라) Total Loss Only

TLO(전손담보) 약관으로 전손인 경우에 한하여 보험자가 보상하는 특별약관이다.

(마) Strikes, Riots and Civil Commotion Clause

SR&CC(파업, 폭동 및 내란) 약관으로 파업, 폭동 및 내란위험을 담보하기 위한 특별약관이다.

(바) Theft, Pilferage and Non-Delivery Clause

TPND(도난, 拔貨, 未着) 약관으로 분실 및 도난위험을 담보하기 위한 특별약관이다.

(사) Franchise

소손해면책약관으로 소손해에 대하여는 보험자가 보상하지 않는 특별약관이다.

(2) 신협회적하약관(New Institute Cargo Clause)

(가) Institute Cargo Clause (A)

ICC(A)는 면책약관을 제외한 모든 위험을 보험자가 담보하기로 하는 조건이다.

(나) Institute Cargo Clause (B)

ICC(B)는 ICC(A) 보다는 담보범위가 좁으며, 구약관의 WA(분손담보)조건과 담보범위가 유사한 조건이다.

(다) Institute Cargo Clause (C)

ICC(C)는 ICC(B) 보다 더욱 그 담보범위가 좁으며, 구약관의 FPA(분손부담보) 조건과 담보범위가 유사한 조건이다.

7) 결제조건(Payment Terms)

결제조건의 내용으로는 대금결제방식, 대금지급시기 및 결제통화를 결정하는 것이 중요하다.

(1) 대금결제방식

(가) 신용장(L/C : Letter of Credit)

개설은행의 지급보증이 있는 신용장에 의한 무역결제방식이다.

(나) 추심결제방식(Payment by Collection)

신용장의 개설없이 수출업자가 발행한 환어음과 선적서류만으로 대금결제가 이루어지는 방식이다. 이 방식에는 D/P 및 D/A 방식이 있다.

- D/P(Documents against Payment) : 환어음의 지급인인 수입업자가 환어음지급을 하여야 선적서류를 인도해 주는 방식이다.
- D/A(Documents against Acceptance) : 환어음의 지급인인 수입업자가 환어음 인수만 하면 선적서류를 인도해 주는 방식이다.

(다) 송금방식

수입업자가 물품수령전 또는 수령후에 수입대금을 수출업자에게 직접 송금하여 결제하는 방식이다.

(2) 대금지급시기

(가) 선지급(Payment in Advance)

수출업자는 선적전 대금을 결제받는다.

- Cash with Order(CWO) : 수출업자는 주문 수령시 거래대금을 결제받는다.
- X% Advance Money : 수출업자는 계약대금 중 일정비율을 선급받는다.
- Red Clause L/C : 선지급신용장으로 수출업자는 선적전 대금을 결제받는다.

(나) 현금지급(Cash Payment)

매도인이 물품을 인도할 때에 대금이 지급되며, 이에는 COD(Cash on Delivery) 매매가 대표적인 것이다.

(다) 후지급

추심결제방식 및 신용장 결제방식 중 기한부환어음에 의한 경우가 후지급에 해당한다.

(3) 결제통화(Currency)

결제통화는 가격조건의 표시통화로 하는 것이지만, 환위험 등을 고려하여 국제적으로 공신력이 높은 통화를 선택하는 것이 중요하다.

❷ Model Correspondence

1) Useful Expression

▶▶ 품질조건 제시

Quality shall be fair average[1] at the time and the place of shipment.

해설

1) fair average : 평균중등품질조건, 곡물거래 등에서 사용되는 특별조건이다.

▶▶ 품질조건 제시

The quality of goods to be shipped shall be up to[1] the Sample No. 123.

해설

1) be up to ~ : ~와 일치하는

▶▶ 주문수량 표시

We are pleased to place an order[1] with you for 2,000 dozen of fountain pen.

해설

1) place an order : 주문하다.

▶▶ 수량 및 가격조건 제시

Our quotation includes packing in strong export cases[1] of 60 dozen, CIF Busan but is only available for minimum orders[2] for 1,000 dozen each.

해설

1) export cases : 수출용 상자
2) minimum orders : 최소주문허용수량

▶▶ 가격조건 조회

Please, inform us of your best terms[1] and lowest prices FOB Busan.[2]

해설

1) terms : 거래조건
2) lowest prices FOB Busan : 가장 저렴한 FOB Busan 가격조건

수량조건과 가격할인 요청

We are considering to buy 100 Bikes of Korean Maker, and shall be glad if you will quote the best discount off[1] your price list for this quantity.

해설

1) to discount off : 할인하다.

선적시기 조회

Please let us know whether you have a stock of them[1] or how long it will take you to ship[2] in case you have no stock.

해설

1) a stock of them : 재고품
2) to ship : 선적하다.

신속한 선적 요망

Your prices are really moderate,[1] but we shall be unable to do business unless you can execute earlier shipment.[2]

해설

1) moderate : (가격이) 저렴한
2) earlier shipment : 신속한 선적

선박 출항/도착일 조회

When is the steamer due to leave[1] the port?
When is the steamer due at[2] the port?

해설

1) be due to leave : 출항할 예정인
2) be due at ~ : ~에 도착할 예정인

▶▶ 선적일의 입증

The date of B/L[1] shall be taken as conclusive proof of the day of shipment.

해설

1) the date of B/L : 선화증권의 발행일

▶▶ 화물손상 원인 규명

The damage is due to[1] your careless packing according to the surveyor's report.

해설

1) be due to ~ : ~에 기인하다.

▶▶ 해상적하보험의 부보

The seller must obtain at his own expense[1] marine cargo insurance[2] as agreed in the contract.

해설

1) at his own expense : 자신의 비용으로
2) marine cargo insurance : 해상적하보험

▶▶ 부보조건의 제시

The insurance shall be contracted with insurer[1] of good repute, and be in accordance with minimum cover of the ICC(C).

해설

1) insurer : 보험자, 손해 발생시 피보험자에게 보험금을 지급하여 주는 보험회사(Insurance Company) 또는 개인보험업자(Underwriter)를 말한다.

▶▶ 청산계정에 의한 결제조건

We have been asked by ABC Co., L.A. to supply goods to the value of £570 against their first order on open-account terms.[1]

해설

1) open-account terms : 청산계정에 의한 결제조건

▶▶ 결제대금의 송금

We enclose a check for US $ 2,000.00 in settlement[1] for your sample.

해설

1) in settlement : 결제대금으로서

▶▶ 대금결제에 대한 감사

We should appreciate early settlement of the total amount now due.[1]

해설

1) due : 지불기일이 만기가 된

2) Model Correspondence

Model 1 》 가격, 품질, 선적조건의 조회

Gentlemen :

We have received a number of inquiries from our trade connections[1] for your clothes goods and think we may be able to place regular orders[2] with you if your prices are competitive.

The market will not stand a high-priced line;[3] therefore, we have in mind your "Soft" coat---Women's and Men's designs. Please quote your best FOB Busan for 800 sets of each of these in medium and small sizes and let us know if you could ship within 4 weeks after receipt of order.[4]

In our opinion, a coat of lighter material than your "Soft" coat but equally of the best quality, and mass-produced at a lower price, would have a large sale in this country.

We are looking forward to receiving your reply.

Yours faithfully,

해설

1) our trade connections : 당사의 거래업자들
2) to place regular orders : 정규적인 주문을 하다.
3) the market will not stand a high-priced line : 가격이 높은 제품은 시장성이 없다.
4) within 4 weeks after receipt of order : 주문을 받은 후 4주 이내

Model 2 » 거래조건의 조회에 대한 견적서 제공

Thank you for your correspondence of March 25. We are happy to send you quotations of our handmade ladies' accessories by airmail.[1)]

Sample : #22 US $20 per box, each containing 5 dozen.
#33 US $30 per box, each containing 5 dozen.
Price : quoted FOB Busan subject to market fluctuations.
Quantity : more than 100 doz.
Packing : a seaworthy wooden case[2)] contains 10 boxes.
Shipment : within 60 days after receipt of your order.
Insurance : to insure on WA and war risk.
Payment : by at sight draft under an irrevocable L/C.

Our products, especially the Sample #22, are enjoying a high reputation in Europe, because of their reasonable prices for nice looking.[3)] We are sure they will no doubt assist you to expand your sale.

Any order you may give us will be always received our prompt and careful attention.[4)]

We hope you will favor us with[5)] reply as soon as possible.

Yours faithfully,

해설

1) by airmail : 항공편으로
2) a seaworthy wooden case : 항해에 적합한 나무상자
3) for nice looking : 보기에 좋은
4) our prompt and careful attention : 당사의 신속하고도 주의 깊은 배려
5) favor ~ with ~ : ~에게 ~을 보내다.

Model 3 » 거래조건의 조회에 대한 견적서 제공

Gentlemen :

Thank you for your correspondence of March 25. We are happy to send you quotations of our Color TV set Model A-123 by airmail.

ESTIMATE[1) NO. A-123

Buyers : XXX & Co., Inc., Singapore
Sellers : Song Trading Co., Inc., Busan
Article : 1,000 sets Model A-123
Measurement : 200 CBM (0.2 CBM per set)
Weight : 60,000 Lbs. (Gross)
Shipment : Durimg July
Exchange Rate[2) : ₩1,000 per US $

Price (Ex Works) : @₩500,000 per set (1.000 sets)		₩ 500,000,000
Inspection Fee[3) : @₩500 per set (1,000 sets)		₩500,000
Storage : @₩250 per set (1,000 sets)		₩250,000
Original LCL[4) Charges : @₩5,000 per CBM (200 CBM)		₩1,000,000
Inland Ins. Premium[5) : @₩0.15 per ₩100 (₩500,000,000)		₩750,000
Petties : 0.5% on net cost[6)		₩2,500,000
FOB Busan	Amount	₩505,000,000 (US $ 505,000)
	Unit Price	US $ 505
Ocean Freight: 2.4% ad valorem[7) (on net cost)		₩12,000,000
CFR Singapore	Amount	₩517,000,000 (US $ 517,000)
	Unit Price	US $ 517
Insurance Premium: ICC (A) 0.5% (for Invoice Amount+10%)		₩2,859,226
CIF Singapore	Amount	₩519,859,226 (US $ 519,859)
	Unit Price	US $ 519

Any order you may give us will be always received our prompt and careful attention.

We hope you will favor us with reply as soon as possible.

Yours faithfully,

해설

1) estimate : 견적서(=quotation)
2) exchange rate : 환율
3) inspection fee : 검사 수수료
4) LCL : 컨테이너 하나의 분량이 되지 않는 소량화물(=Less than Container Load), 이 LCL 화물은 다른 화물과 혼재하여야 하므로 수수료가 부가된다. 한편 컨테이너 하나의 분량이 되는 화물을 FCL (=Full Container Load)화물이라고 한다.
5) inland ins. premium : 내륙운송보험료
6) net cost : 제조원가인 공장도가격(EXW)을 말한다.
7) ad valorem : 종가요금, 신고된 가격을 기준으로 운임이 결정된다.

Model 4 » 거래조건의 조회에 대한 견적서 제공

Gentlemen :

We wish to thank you for your inquiry of May 10 for our Fish Goods, on which we are pleased to quote you as follows :

Article : 1,000 cases Fish Goods No.1.
Price : @ US$50.00 per Lb.(2,000 Lbs.) FOB Busan for net shipped weight.[1)]
Packing : 60 Lbs., net to be contained in a can : 2 can to be packed in a case.
Shipment : During July, 2019.
Terms : Draft at 60 d/s under an Irrevocable Credit.
N.B.[2)] : The price quoted is subject to market fluctuations. 5% more or less at seller's option.

We trust you will give us a trial order.

Yours faithfully,

해설

1) net shipped weight : 선적품의 순중량
2) N.B. : 주의(=nota bene)

제3절 청 약

① 무역계약의 성립

무역계약은 청약(Offer)과 승낙(Acceptance), 교차청약(Cross Offer) 및 의사실현에 의한 당사자 간의 합의에 의해 성립한다. 여기서 합의라 함은 서로 대립하는 의사표시인 청약과 승낙의 의사의 합치를 의미한다.

즉, 무역계약은 당사자 간의 합의에 의해 성립하고 그 합의에 의해 매도인과 매수인이 상호간에 물품인도와 그 대가인 대금지급을 약속하는 것이며, 따라서 무역계약은 다음과 같은 법리적인 특성을 가지고 있다.

첫째, 무역계약은 청약과 승낙 등에 의한 당사자 간의 합의에 의해 성립하므로 낙성계약(Consensual Contract)이다.

둘째, 무역계약은 물품인도에 대하여 그 대가인 대금지급이 이루어지는 유상계약(Compensation Contract)이다.

셋째, 무역계약에서 매도인은 물품인도의무를 부담하여야 하고, 매수인은 대금지급의무를 부담하여야 하므로, 무역계약은 당사자 쌍방이 모두 채무를 부담하고, 그것이 서로 대가적인 교환적 원인관계에 있는 쌍무계약(Bilateral Contract)이다.

넷째, 무역계약은 계약의 형식에 관하여 어떠한 요건도 필요로 하지 않는 불요식계약(Informal Contract)이다.

② 청 약

1) 청약의 의의

청약은 구두, 서면, 행위에 의해 청약자(Offerer)가 피청약자(Offeree)에게 행하는 승낙과 결합하여 일정한 내용의 무역계약을 성립시키려는 일방적·확정적이고 실현가능한 의사표시이다. 그러므로 무역계약을 체결하려는 준비행위 또는 예비행위는 청약이 아니다.

이러한 청약은 다음과 같은 법률적인 특성을 갖는다.

첫째, 청약은 그것에 응하는 승낙만 있으면 즉시 계약이 성립하는 확정적 의사표시이다.

둘째, 청약은 계약의 내용을 결정할 수 있을 정도의 사항을 포함하고 있어야 한다.

셋째, 청약은 상대방이 있는 의사표시이지만, 그 상대방은 특정인이 아니어도 상관없다.

넷째, 청약자는 장차 체결될 계약의 일방당사자이어야 하며, 특정인이어야 한다.

다섯째, 청약은 원칙적으로 승낙과 그 내용이 일치하여야 한다.

이러한 청약의 효력은 청약통지가 상대방에게 도달한 때에 발생하며, ① 승낙, ② 청약의 거절 또는 대응청약, ③ 청약 철회(상대방의 동의와 통지 필요), ④ 당사자의 사망, ⑤ 유효기간의 경과에 의해 소멸한다.

2) 청약의 유형

'청약의 유인'은 청약이 아니다. 즉 '청약의 유인'이란 상대방으로 하여금 청약을 하도록 유도하는 일방적인 의사표시이다. 그러므로 '청약의 유인'은 청약과 구별되며, '청약의 유인'은 구속력있는 합의를 구성하는 의사표시가 되지 못하므로 상대방이 그에 응하여 승낙하여도 '청약의 유인'을 한 자의 승낙이 없는 한 무역계약은 성립하지 않는다. 이러한 청약의 유형에는 여러 가지가 있다.

첫째, 청약을 매도인이 하느냐, 아니면 매수인이 하느냐에 따라 Selling Offer와 Buying Offer로 나눌 수 있다.

둘째, 청약은 일단 발행된 청약이 구속력 또는 확정력을 가지고 있는가의 여부에 따라 Free Offer와 Firm Offer로 분류할 수 있다.

Free Offer는 거래조건이나 유효기간이 확정되지 않아 청약자가 임의로 그 내용을 변경, 취소 또는 철회할 수 있는 청약이다. 따라서 Free Offer의 경우에는 승낙이 있어도 무역계약이 성립하는 것이 아니며, 청약자의 최종 확인(Final Confirmation)이 있어야 무역계약이 성립한다.

Firm Offer은 확정청약이라고 칭하는 것으로, 거래조건 및 유효기간이 명시되어 있는 청약을 말한다. 따라서 확정청약은 그 유효기간 내에는 원칙적으로 그 내용을 변경, 취소 또는 철회할 수 없으며, 승낙이 있으면 즉시 무역계약이 성립한다.

셋째, 광고청약과 같이 불특정다수인에게 행하는 청약을 General Offer라고 한다.

넷째, 청약에 대하여 피청약자가 가격할인, 선적기일 변경 등 조건변경을 하여 승낙한 것을 Counter Offer라고 한다. Counter Offer는 승낙이 아니므로 무역계약을 성립시키지 않으며 새로운 청약이 된다.

다섯째, 청약에는 일정한 조건이 부가되어 있어 그 조건이 충족될 때까지는 승낙이 있어도 계약이 성립하지 않는 '조건부 청약'(Conditional Offer)이 있다. '조건부 청약'에는 다음과 같은 것들이 있다.

① 확정없는 청약(Offer without Engagement) : 이는 '시장변동조건부 청약'(Offer subject to Market Fluctuations)이라고도 하는 것으로, 가격이 미확정 상태이고 시장가격의 변동에 따라 가격이 변경된다는 조건이 부가된 청약이다.

② 재고잔유(在庫殘留)조건부 청약(Offer subject to being unsold) : 이는 '선매조건부 청약' (Offer subject to prior sale)이라고도 하는 것으로, 다수의 매수인에게 동일내용의 청약을 발송하고 재고품이 있는 한도 내에서 먼저 승낙한 매수인에게 매도한다는 조건이 부가된 청약이다.

③ 승인조건부 청약(Offer on Approval) : 청약과 함께 보내 온 물품을 피청약자가 점검하여 보고 승낙여부를 결정할 수 있는 조건이 부가된 청약이다.

④ 반품허용조건부 청약(Offer on Sale or Return) : 청약과 함께 보내 온 물품을 피청약자가 판매하고 남은 잔품은 반품이 허용된다는 조건이 부가된 청약이다.

3 Model Correspondence

1) Useful Expression

▶▶ 확정청약

We offer you firm[1] subject to your reply(acceptance)[2] received by the March 10, 2019.

해설

1) offer you firm : 귀사에게 확정청약을 하다.
2) subject to your reply(acceptance) : 귀사의 승낙을 받는 조건으로

▶▶ 확정청약

We firmly offer you which shall remain in force[1] for 48 hours.

해설

1) remain in force : 유효하다.

▶▶ 확정청약

We offer you firm subject to your reply being received here by Friday, February 23, as specified below.[1)]

해설

1) as specified below : 아래와 같이 명기된 조건으로

▶▶ 확정청약에 대한 감사

Thank you for your firm offer of 12th March.

▶▶ 청약의 유효기간

Owing to the fluctuations of the market,[1)] we can hold this offer open[2)] only for a week.

해설

1) the fluctuations of the market : 시장가격이 심하게 변동하는
2) hold this offer open : 청약을 유효한 상태로 두다.

▶▶ 청약의 유효기간

We make this offer good[1)] until the 15th April.

해설

1) make this offer good : 청약을 유효한 상태로 두다.

▶▶ 청약의 접수 확인

We have the pleasure of acknowledging[1)] your firm offer of the 30th June.

해설

1) acknowledge : 접수 확인하다.

청약의 접수 확인

We thank you for your offer, but we regret that it does not at present[1)]interest us.

해설

1) at present : 현 시점에서

대응청약의 접수 확인

We have received your counter offer[1)] of the 22nd April requesting more reduction of prices.

해설

1) counter offer : 대응청약, 원청약의 내용을 수정하여 제시한 청약

가격할인을 요구하는 대응청약

In view of the quotation ruling in this market[1)] your price is rather stiff.[2)] You must remember that competition in this line is very keen and that your competitors are offering lower prices than yours.

해설

1) the quotation ruling in this market : 통상적인 시장가격
2) stiff : (가격이) 비싼

무확정청약

We are pleased to offer you without engagement,[1)] as follows.

해설

1) offer you without engagement : 귀사에게 무확정청약을 하다(=offer subject to market fluctuations).

승인조건부 청약

We are pleased to present it to you for 15 days, free trial[1] in your firm, on the condition that there will be no obligation on your part to purchase by the expiration of the time mentioned.[2]

해설

1) free trial : 무료로 점검을 위한 시험주문으로
2) by the expiration of the time mentioned : 언급된 기간 만기일까지는

확인조건부 청약

We are pleased to make an offer for one hundred pieces of Silks at US $ 20 per pc. subject to our confirmation.[1]

해설

1) subject to our confirmation : 당사의 확인을 조건으로

재고잔유조건부 청약

As these goods are in great demand, we cannot hold this offer open. We are pleased, therefore, to make it subject to being unsold,[1] as follows.

해설

1) subject to being unsold : 재고잔유조건부 청약

2) Model Correspondence

Model 1 » 확정청약

Improved methods of production[1] have enabled us to offer you our range of "Bright" batteries at a reduced price for large quantities.[2]

Details of the new prices for your market are enclosed from which you will see that average price reduction[3] is 5%. As our prices are quoted CIF London you will agree that they are more below than those of all other markets.

The new prices are for minimum orders[4] of five hundred Pound Sterling and are effective as from January 1. Immediate delivery is guaranteed, as we hold ample stocks.[5]

We appreciate your past favour, and look forward to serving you again at the new price.

Yours faithfully,

해설

1) improved methods of production : 생산방식의 혁신
2) at a reduced price for large quantities : 대량주문에 대한 할인가격으로
3) average price reduction : 평균가격할인
4) minimum orders : (그 가격으로) 인수가능한 최저주문량
5) hold ample stocks : 많은 재고품을 가지고 있다.

Model 2 » 확정청약-물품매도확약서

Offer-Sheet[1] 100

Article : Korean Canned Crab Meat, "Star" Brand.
Half Pound (1/2 lb.) cans.

Quality : Fancy grade.

Quantity : Five hundred (100) cases.

Packing : Seven (7) dozen in a case.

Price : US$ 40.00 per case CIF L.A.

Shipment : During May/June.

Terms : Draft to be drawn at 30 d/s under Irrevocable Confirmed L/C by Internet immediately after placing an order.[2]

Remarks : All prices and conditions are subject to our confirmation.[3]
Shipment will be made during May/June.
We do not hold ourselves responsible for any delay due to force majeure or any other causes beyond our control.

해설

1) offer-sheet : 물품매도확약서
2) place an order : 주문하다.
3) subject to our confirmation : 당사의 확인을 조건으로 하는

Model 3 》 무확정 청약

Dear Sirs :

We take pleasure in offering you without engagement, as follows:
100 c/s[1] Fish Goods @ 30 Lbs. per case, FOB Busan.
Shipment to be made during April.
Terms : As usual, under the Irrevocable L/C opened in our favour.[2]
We think you will find the price quoted to be very reasonable.
The market is on the upward tendency[3] and we hope to be favoured with your orders[4] at an early date.

Yours faithfully,

해설

1) c/s : 상자(=cases)
2) in our favour : 당사를 수익자로 하여
3) on the upward tendency : (시장가격이) 상승하고 있는
4) to be favoured with your orders : 주문을 받기를

Model 4 》 재고잔유조건부 청약

Gentlemen :

We have the pleasure to offer you subject to being unsold,[1] as follows :

50 "Star" Brand Men's Bicycles, US $ 16.50, each.
30 "Star" Brand Ladies' Bicycles, US $ 16.50, each.

The prices are based on[2] CIF Busan. Shipment to be carried out during May.
Terms : as usual.

Owing to the remarkable activity[3] in the steel market, it will be absolutely impossible for us to manufacture these grades of bicycle at such low prices, and we trust you are in a position[4] to avail yourselves of[5] this opportunity without delay.

Yours truly,

해설

1) subject to being unsold : 재고잔유조건부로
2) be based on ~ : ~를 근거로 하다.
3) the remarkable activity : 현저하게 호경기인
4) be in a position ~ : ~할 입장에 있다.
5) avail of : 이용하다.

Model 5 » 대응청약

Gentlemen :

I am sorry to learn from[1)] your correspondence of August 23 that you find our prices too high.[2)] We do our best[3)] to keep prices as low as possible without sacrificing of manufactures.[4)]

Considering the quality of the goods offered, we feel that the prices we quoted are at all excessive.[5)] However, bearing in mind the special character[6)] of your trade, we are prepared to offer you a special[7)] because we should like to do business with[8)] you if possible, but I must stress that it is the furthest[9)] we can go help you.

I hope this revised offer[10)] will now enable you to place an order.

Yours truly,

해설

1) learn from ~ : ~로부터 알다.
2) prices too high : 가격이 너무 높다.
3) do one's best : 최선을 다하다.
4) without sacrificing of manufactures : 제조원가 정도로
5) at all excessive : (가격이) 좀 높은
6) character : 상거래 특성
7) a special : 특별할인 가격
8) to do business with ~ : ~와 거래하다.
9) the furthest : 최저가격
10) this revised offer : 가격이 수정된 청약, 대응청약

핵심문제

* 다음 문항의 정답을 고르시오.

1. Choose the one that is not an essential element of 'offer'. 〈2009-2회, 1급〉

① Intent to Contract
② Definite and certain terms
③ Communication to the offeree
④ It must confirm to the conditions set out in the offer

2. 아래 문장의 설명과 관련이 있는 것을 고르시오. 〈2008-1회, 1급〉

This is a statement intended to result in a binding contract if duly accepted by the offeree.

① offer ② tender
③ inquiry ④ invitation to offer

3. 다음 중 'Tale Quale'의 품질조건과 맞지 않는 것을 고르시오. 〈2008-3회, 1급〉

① Expression used particularly in the grain trade agreement which means that the buyer will accept the cargo in the condition in which it arrives without question as to quality or soundness.
② The terms are subject to a satisfactory certificate of quality at the port of shipment.
③ Usually these terms are acceptable only where grain is carried in dry cargo vessels and not in tankers.
④ It is a kind of landed quality terms.

4. 다음 문장에 대한 설명으로 맞는 것을 고르시오. 〈63회, 1급〉

We have received your offer of April 1. After careful examination, we decided to accept your offer if you can reduce the price per set to US$30.

① The buyer rejects the offer.
② This is an acceptance of the offer.
③ This is a conditional acceptance.
④ This is a counter offer.

5. 다음 중 아래 문장을 완성하는데 가장 적절한 구문은? 〈2007-1회, 1급〉

In case of a firm offer,

① the offeror may revoke it any time.
② the offeree may accept it within its validity.
③ it can be amended or revoked without prior notice by the offeror.
④ it may be accepted subject to the consent from the offeror.

6. 다음 문장의 밑줄친 부분과 뜻이 같은 것을 고르시오. 〈54회, 1급〉

If you cannot do so, <u>we decline your offer as it stands.</u>

① your offer remains undecided.
② we reject your offer now.
③ we want you to offer again.
④ we will give a counter offer.

해설

· as it stands : 현 상태로서는

7. 다음 밑줄 친 부분의 의미와 바꾸어 쓸 수 있는 가장 적절한 것을 고르시오. 〈2008-2회, 1급〉

For our <u>financial standing</u>, please feel free to contact the ABC Bank, London branch.

① credit standing
② business standing
③ reputation
④ means

8. 다음 문장의 (　　) 안에 가장 적절한 단어나 문구는? 〈57회, 1급〉

When your stocks are limited, you had better offer them subject to (　　).

① approval
② final confirmation
③ prior sale
④ sale or return

9. 다음 중 아래 문장의 괄호 안에 들어갈 가장 알맞은 것은? 〈2007-1회, 1급〉

> If the quality of your transformers is satisfactory, and prices are competitive, (   ).

① the earliest shipment would be July instead August
② we find it impossible to meet current demand for them
③ you may expect a trial order from us sooner or later
④ we may expect an initial order from you in the near future

해설
· transformer : 변압기

10. 다음 문장의 괄호 안에 들어갈 적합한 단어나 구를 고르시오. 〈2002-1회, 1급〉

> If the offeror wants to bind the offeree to accept an offer within a reasonable time, he must make (   ).

① offer subject to prior sale ② firm offer
③ free offer ④ offer on sale or return

11. 다음 문장에 대한 설명으로 맞는 것을 고르시오. 〈2017-1회, 1급〉

> We received your offer dated 15 March, 2017. We agree that your offer draws our attention but the price seems too high. May we ask you what your position is as to a discount if we place large orders?

① Acceptance of offer ② Cancellation of contract
③ Conditional Order ④ Refusing offer

12. 다음 중 주어진 청약에 가장 가까운 것을 고르시오. 〈2018-1회, 2급〉

> This offer is one made subject to the goods being available when the acceptance is received by the offeror.

① Offer subject to being unsold
② Offer subject to final confirmation
③ Offer on approval
④ Offer on sale or return

13. 다음 중 CISG에서 아래 문장과 비슷한 의미를 가진 것을 고르시오. 〈2018-2회, 1급〉

Our offer is open until 30 July 2017.

① Our offer is valid until 30 July 2017 and irrevocable unless otherwise agreed.
② Our offer is free until 30 July 2017 and revocable unless otherwise agreed.
③ Our offer is free until 30 July 2017 but irrevocable unless otherwise agreed.
④ Our offer expires on your side by 30 July 2017 but subject to acceptance

14. 다음을 가장 올바르게 해석한 것을 고르시오. 〈2008-3회, 1급〉

Judging from the fact, that they have not always settled their accounts, with us on time since last year, they seem to face some financial problems.

① 동사가 작년부터 항상 정시에 결제하지 않았다는 재판결과에 의하면, 동사가 재정적인 문제에 직면해 있는 것 같습니다.
② 작년부터 동사는 정시에 결제한 적이 없다는 사실로 판단할 때, 동사가 재정적인 문제에 직면해 있는 것 같습니다.
③ 동사가 작년부터 항상 정시에 결제한 것은 아니라는 사실로 판단할 때, 동사가 재정적인 문제에 직면해 있는 것 같습니다.
④ 동사가 작년부터 항상 정시에 결제한 것은 아니라는 사실로 판단할 때, 동사가 재정적인 문제를 정면으로 돌파해 나가고 있는 것 같습니다.

15. 매수인이 현품을 실제로 점검하고 인수도(引受渡)하는 매매를 무엇이라 하는가? 〈2018-2회, 2급〉

① sale by specification ② sale by trade mark or brand
③ sale by type or grade ④ sale by inspection

16. 다음과 같은 품질조건을 포함하는 종류의 판매는 무엇인지 고르시오. 〈2016-1회, 1급〉

Goods sold without a sample shall be guaranteed by the seller to be almost equal to the fair average quality of the season's crop at the time and place of shipment.

① sale by sample ② sale by inspection
③ sale by standard ④ sale by grade

17. 다음은 여러 계약들의 품질조건의 일부이다. 의미가 다른 것을 고르시오. 〈2017-2회, 1급〉

① The quality of the goods to be shipped should be fully equal to the sample.

② The seller guarantees the fully equal quality of the goods to the sample at the tine of shipment

③ The seller guarantees the quality of the goods to be shipped to be fully equal to the sample

④ Goods shall be guaranteed by the seller to be fully equal to the sample upon arrival at destination.

18. 다음 문장의 빈칸에 들어갈 용어로 적절한 것을 고르시오. 〈2016-3회, 1급〉

> (   ) means that the grain is to be sound and in a good condition when shipped, and the buyer must accept it as it is for condition when delivered. The buyer assumes the risk for damage during the transit. So, this term is 'shipped quality terms'.

① GMQ ② Rye Terms
③ Sea-Damaged Terms ④ Tale Quale

19. 다음 문장에서 설명하는 청약으로 옳은 것을 고르시오. 〈2016-2회, 1급〉

> We appreciate your recent offer for your A-124. Although we highly the quality of your product, we find that your price is rather high for the customers in our country.
> We have to point out that similar model can be purchased from other Asian or European manufacturers at a 15% lower price than your quoted price. We are planning to place a large order, which is at least 10,000 units, so we request you to lower the price by 15%

① Firm offer ② Counter offer
③ Conditional offer ④ Free offer

20. 다음 중 밑줄 친 부분의 해석이 가장 옳지 않은 것은? 〈2006-1회, 1급〉

> In view of the ①current price in this market, your price is ②rather stiff. You must remember that ③the competition in this line is very strong and that your competitors are ④offering lower prices than yours.

① 현재의 가격 ② 상당히 낮다
③ 이 품목에서의 경쟁 ④ 귀사의 것보다 저렴한 가격으로 오퍼하고 있다.

제 5 장 승낙과 일반거래조건협정서

제1절 승 낙

1 승낙의 의의

승낙은 계약을 성립시키기 위해 특정의 청약에 대하여 행하는 피청약자의 청약자에 대한 동의·수락의 의사표시이다. 즉 피청약자는 청약자에 대하여 계약의 내용을 모두 승낙하고 계약을 체결하겠다는 의사를 표시함으로써 합의를 완성시켜 계약을 성립시킨다. 그런데 이러한 승낙은 원칙적으로 다음과 같은 요건을 갖추어야 한다.

첫째, 승낙은 피청약자가 계약을 성립시킬 의사를 가지고 특정의 청약자에 대하여 행하여야 한다.

둘째, 계약을 성립시키기 위한 유효한 승낙은 최종적이고 절대적이며 무조건적으로 행하여져야 하고, 또한 청약의 내용과 일치하여야 한다.

셋째, 승낙은 청약의 유효기간 내에 행하여져야 한다.

넷째, 승낙은 청약에 대하여 동의를 한다는 내심의 결의에 그치지 않고 청약자에게 표시를 하여야 한다.

② Model Correspondence

1) Useful Expression

▶▶ 청약에 대한 승낙

We are pleased to accept[1)] your firm offer of May 7, offering 50 gross[2)] silk blouses Pattern No. 123[3)] @ US $ 10 per doz. CIF L.A. for March shipment.[4)]

해설

1) be pleased to accept : 승낙함을 기쁘게 생각하다.
2) gross : 12 doz(12 x 12 pcs)
3) Pattern No. 123 : 견품번호 123
4) for March shipment : 3월중 선적, 單月선적조건

▶▶ 청약에 대한 승낙

We have specially decided to accept your firm offer at your limit prices[1)] because this is the first experience with you.

해설

1) at your limit prices : 귀사가 제의한 가격에

▶▶ 승낙 확인 통지

We have the pleasure of acknowledging[1)] your acceptance of the 30th June.

해설

1) acknowledge ~ : ~을 받고 확인하여 알리다.

▶▶ 청약에 대한 승낙

We accept your firm offer[1)] for 1,000 cases of "Yesan" Apples for September shipment.

해설

1) accept your firm offer : 귀사의 확정청약을 승낙하다.

승낙 확인

We thank you for your acceptance of June 4 and they will be shipped for delivery[1] not later than the end of this month.

해설

1) be shipped for delivery : 인도를 위해 선적되다.

승낙의 요건

The acceptance of an offer must be unqualified and unconditional.[1] If it is otherwise,[2] it constitutes a rejection of the original offer, combined with[3] a counter offer.

해설

1) unqualified and unconditional : 제한이 없고, 무조건적인
2) it is otherwise : 그렇지 않다면
3) combined with ~ : ~이 되다.

승낙의 요건

A reply to an offer which purports to[1] be an acceptance but contains additions, limitations or other modifications[2] is a rejection of the offer and constitutes[3] a counter offer.

해설

1) purport to ~ : ~을 의도하다.
2) additions, limitations or other modifications : 부가조건, 제한조건 또는 조건의 수정
3) constitute ~ : ~이 되다.

승낙의 요건

A statement[1] made by or other conduct of the offeree[2] indicating assent to the offer is an acceptance.

해설

1) statement : 서면 또는 구두에 의한 진술
2) conduct of the offeree : 피청약자의 행위

주문서 발송에 의한 승낙

We thank you for your firm offer of June 5 and enclose our Order No. 123[1] for the items. All these items are urgently required by our customers,[2] so we hope you will ship them immediately.

해설

1) Order No. 123 : 주문서 번호 123
2) be urgently required by our customers : 거래고객들이 긴급히 요구하고 있다.

2) Model Correspondence

Model 1 » 승낙 권유

Gentlemen :

As we have not heard from[1] you, we wonder whether[2] you require further information before deciding to place an order.

The modern system of lateral filing system[3] has important space-saving[4] advantages. However, if space is not one of your problems, our flat-top suspended system may suit you better.

Would you like us to send our Mr. Robinson to call and discuss your needs with you? He has advised on[5] equipments for many large, modern offices and would be able to recommend the system most suited to your own requirements. There would, of course, be no obligation of any kind.[6] Alternatively, perhaps you would prefer to pay a visit[7] to our showroom[8] and see for yourself how the different systems work.[9]

You may be sure that whichever of these opportunities you decide to accept,[10] you would receive personal attention and best possible advice.[11]

Yours truly,

해설

1) hear from ~ : ~로부터 회신을 받다.
2) we wonder whether ~ : 당사는 ~인지 아닌지 궁금하다.
3) lateral filing system : 측면으로 파일링하는 시스템
4) space-saving : 공간을 절약하는, 공간효율성을 높이는
5) advise on : 자문하다. 권고하다.

6) be no obligation of any kind : 어떤 종류의 의무도 없다.
7) pay a visit : 방문하다.
8) showroom : 전시관
9) how the different systems work : 시스템 작동이 어떤 차이점이 있는지
10) whichever of these opportunities you decide to accept : 어느 것을 승낙하여도
11) personal attention and best possible advice : 개별적인 배려와 가능한 최상의 자문

Model 2 » 주문청약에 대한 승낙 독촉

Gentlemen :

Please accept confirmation[1] of the order we placed with you by Internet this morning for the following :

Article : 3 "Studio" electronic typewriters
Price : US $400 each

These machines are urgently required by our customers and we understand that you are arranging for[2] immediately delivery from stock.

Yours truly,

해설

1) accept confirmation : 확인하여 승낙하다.
2) be arranging for ~ : ~배려하다.

Model 3 » 청약에 대한 승낙

Gentlemen :

Thank you for your correspondence of July 20 offering me the post of Shorthand Typist[1] in your Sales Department.

I am pleased to accept this post on the terms stated in your correspondence, and confirm that I can commence work on August 1.

I can assure you that I shall do everything I can do to make a success of my work.

Yours truly,

해설

1) Shorthand Typist : 속기사

Model 4 » 승낙 거절 통지

Gentlemen :

Thank you for your quotation for strawboards[1] dated February 20, 2019. And I thank you for your trouble in this matter, but as your prices are very much higher than those I have been quoted by other dealers, I regret I cannot give you an immediate acceptance.

I shall bear your firm in mind[2] when I require other products in the future.

Yours truly,

해설

1) strawboard : 마분지
2) bear your firm in mind : 귀사를 염두에 두다.

Model 5 » 승낙거절통지

Gentlemen :

I write to thank you for your correspondence of August 18, 2019 and for the samples of cotton underwear you very kindly sent me.

I appreciate the good quality of these garments, but unfortunately your prices appear to be on the high side[1] even for garments of this quality.

To accept the prices you quote would leave me with only a small profit[2] on my sales since this is an area in which the principal demand[3] is for articles in the medium prices range.

I like the quality of your goods and would welcome the opportunity to do business with you. May I suggest that you could perhaps make some allowance[4] on your quoted prices which would help to introduce your goods to my customers. If you cannot do so, then I must regretfully decline your offer as it stands.

Yours truly,

해설

1) on the high side : (가격이) 높은 편이다.
2) only a small profit : 단지 적은 이익만을
3) the principal demand : 주요한 수요
4) make some allowance : 약간의 가격 할인을 해주다.

제2절 일반거래조건협정서

1 일반거래조건협정서의 의의

무역계약을 체결하기 위해 조회하여 합의해야 할 무역거래조건에는 품질조건, 가격조건, 수량조건, 선적조건, 보험조건, 결제조건, 중재조건 등 매우 다양하고 복잡하다. 그러므로 이 수많은 무역거래조건을 계약시 마다 매번 조회하여 합의한다는 것은 매우 번거롭고, 많은 시간과 비용을 낭비할 수 있다.

따라서 지속적인 무역거래를 하는 경우 등에서는 품목, 수량, 단가, 선적일 등 매번 계약시 마다 필수적으로 조회하여 합의하여야 하는 조건들은 제외하고, 국제상관습 상 일반적으로 적용되는 일반조건에 대하여는 사전에 무역계약 당사자 간에 합의하여 놓으면, 무역계약을 신속하고 효율적으로 체결할 수 있다.

이와 같이 무역계약 당사자 간에 사전에 합의하여 협정서를 체결하고, 그 이후의 무역계약에서는 이 협정서에서 합의한 조건들을 그대로 원용하여 적용하게 되는데, 이 협정서를 일반거래조건협정서(Memorandum, Agreement on General Terms and Conditions of Business)라고 한다.

이러한 일반거래조건협정서의 표준양식은 없으며, 2부를 작성하여 양당사자가 서명한 후 1부씩 보관하여 활용하게 되는데, 그 일반적인 내용은 다음과 같다.

- 무역계약의 주체에 관한 내용
- 무역계약의 성립에 관한 내용
- 무역계약의 이행에 관한 내용
- 무역계약의 대금결제에 관한 내용
- 무역계약의 분쟁해결에 관한 내용

❷ Model Correspondence

1) Useful Expression

▶▶ 일반거래조건협정서의 체결

As this is the first transaction[1] between us, we prepare "Agreements on General Terms and Conditions of Business" both signed in order to come to a thorough understanding between us about future business.

해설

1) the first transaction : 첫 거래

▶▶ 일반거래조건협정서의 송부

We enclose two copies of the Agreement and hope to have, by return mail,[1] one of them duly recognized by yourselves.

해설

1) by return mail : 반송우편으로

▶▶ 일반거래조건협정서의 송부

We have received your correspondence of March 25. We agree to your business terms and are enclosing the original of the Agreement[1] duly signed.

해설

1) the Agreement : 일반거래조건협정서

▶▶ 일반거래조건협정서의 갱신

Such intention as to renew[1] this Agreement shall be conveyed to the other party at least three months before the expiry of the Agreement in writing[2] and mutually agreed.

해설

1) renew : 갱신하다.
2) in writing : 서면으로

▶▶ 일반거래조건협정서에서 무역계약 당사자의 법률적 지위 확인

All business are to be transacted between Sellers and Buyers as principals to principals[1] on their own account and responsibility.[2]

해설

1) principals to principals : 본인과 본인 간의 거래
2) on their own account and responsibility : 자신의 계산과 책임 하에

▶▶ 일반거래조건협정서에 의한 계약체결

This contract is subject to the Agreement on General Terms and Conditions of Business previously exchanged.[1]

해설

1) previously exchanged : 사전에 서명하여 교환한

▶▶ 일반거래조건협정서의 수량조건

Seller has the option of shipping 5% more or less on the contracted quantity, such surplus or deficiency[1] to be settled at the CIF price.

해설

1) surplus or deficiency : 과부족

▶▶ 일반거래조건협정서의 화인(貨印) 조건

All cases shall be marked,[1] ABC in square with serial case numbers[2] and origin of country.[3]

해설

1) be marked ~ : ~라고 화인을 표시하다.
2) serial case numbers : 포장상자의 일련번호
3) origin of country : 원산지

일반거래조건협정서의 불가항력조항

The sellers shall not be responsible for the delay in shipment due to[1] force majeure[2] including war, civil commotion, earthquakes and tempest.

해설

1) due to ~ : ~에 기인하는
2) force majeure : 불가항력

일반거래조건협정서의 중재조항

All disputes, controversies or difference which may arise between the parties out of or in relation to or in connection with the contract, or for the breach[1] thereof shall be finally settled by arbitration[2] in Busan.

해설

1) breach : 계약위반
2) be finally settled by arbitration : 중재에 의해 최종적으로 해결되다.

일반거래조건협정서의 유효기간 제시

This Agreement shall be valid for a period of one year[1] commencing from the 10th March.

해설

1) for a period of one year : 일년 동안

2) Model Correspondence

Model 1 » 일반거래조건협정서

Agreements on General Terms and Conditions of Business

This Agreement that is hereby agreed between **Korean Trading Co., Inc.**, Busan, Korea(hereinafter referred to as the Sellers), and **American Trading Co., Inc.**, New York, U.S.A.(hereinafter referred to as the Buyers) witness as follows : [1]

1. **Business** : Both the Sellers and the Buyers act as Principals to Principals on their own account and responsibility, and not as Agents.
2. **Samples and Quality** : The Sellers are to supply the Buyers with samples free of charge, and the quality of the goods to be shipped should be exactly equal to the sample on which an order is given.[2)]
3. **Quantity** : Quantity determined by the Sellers, as set forth in shipping documents,[3)] shall be final. And, quantity shall be subject to a variation of 5% plus or minus[4)] at the Sellers' option.[5)]
4. **Price** : Unless otherwise especially stipulated, prices are to be quoted on CIF New York basis in U.S. Dollars. And, the special discount of 3% from the contract price is permitted on orders exceeding 5,000 Lbs in quantity.[6)]
5. **Firm Offer** : All firm offers[7)] are to remain effective[8)] for seven days including the day of dispatch. However, Sundays and all official bank holidays shall not be counted as days.
6. **Acceptance** : Acceptance[9)] must be made by telecommunication within the time specified.[10)]
7. **Orders** : Except in cases where firm offers are accepted,[11)] all orders are to be subject to the Sellers' final confirmation.[12)]
8. **Packing** : Proper export bale packing[13)] is to be carried out, each bale bearing the mark[14)] [ABC] in square with serial bale numbers and origin of country.[15)]
9. **Shipment** : All contracted goods is to be shipped within the time stipulated in each contract, except in circumstances beyond the Sellers' control.[16)] The date of Bill of Lading shall be taken as conclusive proof of the day of shipment. Unless expressly agreed upon, the port of shipment shall be at the Sellers' option. Partial shipments and transhipments shall be permitted.
10. **Marine Cargo Insurance** : All shipments are to be covered[17)] on Against All Risks including War Risks and S.R.C.C. for the invoice amount plus 10%, if no other conditions are particularly agreed on. Any additional premium[18)] for insurance coverage shall be borne by the Buyers. All insurance policies[19)] shall be made out in U.S. Dollars and claims payable in New York.[20)]
11. **Payment** : Draft is to be drawn at Sight under Banker's Irrevocable Letter of Credit which should be issued in favor of the Sellers[21)] immediately upon contract,[22)] for the invoice value with full set of

shipping documents,[23] namely, Bill of Lading, Insurance Policy, Commercial Invoice[24] and other documents which each L/C requires.

12. **Force Majeure :** The Sellers shall not be responsible for non-shipment or the delay in shipment[25] due to force majeure,[26] including mobilization, war, strikes, riots, civil commotion, hostilities, blockade, requisition of vessels, prohibition of export, fires, floods, earthquakes, tempest[27] and any other contingencies, which prevent shipment within the stipulated period. In the event of any of the aforesaid causes arising, documents proving its occurrence or existence shall be sent by the Sellers to the Buyers without delay. In all cases of force majeure provided in the Article No. 12, the period of shipment stipulated shall be extended for a period of twenty-one (21) days. In case shipment within the extended period should still be prevented by a continuance of the causes mentioned in the Article No. 12 or the consequences of any of them, it shall be at the Buyers' option either to allow the shipment of late goods or to cancel the order by giving the Sellers the notice of cancellation by telecommunication.
13. **Claims :** Claims, if any, shall be submitted[28] by telecommunication within fourteen (14) days from the date of final discharge of the goods at destination.[29] Certificates by recognized surveyors shall be sent by airmail without delay.
14. **Arbitration :** All claims which cannot be amicably settled between the Sellers and the Buyers shall be finally settled by arbitration[30] in Seoul, Korea in accordance with the Arbitration Rules of The Korean Commercial Arbitration Board[31] and under the Laws of Korea. The award rendered by the arbitrator(s)[32] shall be final and binding upon both parties concerned.
15. **Trade Terms[33] :** Unless specially stated, the trade terms under this contract shall be governed and interpreted[34] by the latest Incoterms.

This Agreement shall be valid on and after[35] July 5, 2019.

the Sellers	the Buyers
Korean Trading Co., Inc.	**American Trading Co., Inc.**
Gil Dong Hong	*Smith Clark*
Gil Dong Hong	Smith Clark
President	President

해설

1) witness as follows : 다음과 같이 합의한다.
2) the sample on which an order is given : 주문시 제공한 견품
3) set forth in shipping documents : 선적서류에 기재되어 있는
4) 5% plus or minus : 5%의 과부족
5) at the Sellers' option : 매도인의 선택
6) on orders exceeding 5,000 Lbs in quantity : 수량에 있어서 5,000파운드를 초과하는 주문량에 대하여는
7) firm offer : 확정청약, 청약조건이 확정적이고 유효기간이 명시된 청약을 말한다.
8) be to remain effective : 유효하다.
9) acceptance : 승낙, 확정청약에 대하여 승낙이 있으면 계약은 즉시 성립한다.
10) within the time specified : 정해진 기간 이내에
11) except in cases where firm offers are accepted : 확정청약이 승낙되어 계약이 성립한 경우를 제외하고
12) the Sellers' final confirmation : 매도인의 최종적인 확인
13) proper export bale packing : 수출용으로 적합한 곤포(梱包)포장
14) to bear the mark : 화인을 표시하다.
15) with serial bale numbers and origin of country : 곤포포장 일련번호와 원산지
16) in circumstances beyond the Sellers' control : 매도인이 통제할 수 없는 불가항력적인 상황
17) all shipments are to be covered : 모든 선적품은 해상적하보험에 부보된다.
18) any additional premium : 일체의 부가적인 보험료
19) all insurance policies : 모든 보험증권
20) claim payable in New York : 보험금의 지급지는 뉴욕으로 한다.
21) in favor of the Seller : 매도인을 수익자로 하여
22) immediately upon contract : 계약이 체결된 후 즉시
23) full set of shipping documents : 선적서류 일체
24) Commercial Invoice : 상업송장
25) non-shipment or the delay in shipment : 미선적 또는 지연선적
26) force majeure : 불가항력(=Act of God)
27) including mobilization, war, strikes, riots, civil commotion, hostilities, blockade, requisition of vessels, prohibition of export, fires, floods, earthquakes, tempest : 동원, 전쟁, 파업, 폭동, 내란, 적대행위, 봉쇄, 선박의 징발, 수출금지, 화재, 홍수, 지진, 폭풍우 위험을 포함하는
28) submit : (클레임)을 제기하다(=file)
29) the date of final discharge of the goods at destination : 목적항에서 물품의 최종 양륙일
30) shall be finally settled by arbitration : 중재에 의해 최종적으로 해결될 것이다.
31) the Commercial Arbitration Rules of the Korean Commercial Arbitration Board : 대한상사중재원의 상사중재규칙
32) the award rendered by the arbitrator : 중재인의 판정
33) trade terms : 정형거래조건

34) shall be governed and interpreted : 준거되고 해석될 것이다.
35) on and after ~ : ~일부터

Model 2 » 일반거래조건협정서

Agreements on General Terms and Conditions of Business

This Agreement entered into[1] between **Korean Trading Co., Inc.**, Busan, Korea(hereinafter called the Sellers), and **American Trading Co., Inc.**, New York, U.S.A.(hereinafter called the Buyers) witness as belows :

1. **Business** : Both the Sellers and the Buyers act as Principals to Principals, and not as Agents for the sale of the Sellers' Color TV sets.
2. **Samples and Quality** : The Sellers are to supply the Buyers with samples free of charge, and the quality of the goods to be shipped should be exactly equal to the sample on which an order is given.
3. **Quantity** : Weight and quantity determined by the Sellers, as set forth in shipping documents, shall be final.
4. **Price** : Unless otherwise especially stipulated, prices are to be quoted on FOB Busan basis in American Currency. And, the special discount of 2% from the contract price is permitted on orders exceeding 5,000 sets in quantity.
5. **Firm Offer** : All firm offers are to remain effective for five days including the day dispatched. However, Sundays and all official bank holidays shall not be counted as days.
6. **Acceptance** : Acceptance must be made by telex within the time specified.
7. **Orders** : Except in cases where firm offers are accepted, all orders are to be subject to the Sellers' final confirmation.
8. **Marks and Numbers**[2] : All Marks and Numbers below must be shown on export wooden cases as well as on invoices for all shipment.

CPT
33/100
Made in Korea

9. **Shipment** : All contracted goods is to be shipped within the time stipulated in each contract, except in circumstances beyond the Sellers' control. The date of Bill of Lading shall be taken as conclusive proof of the day of shipment. Unless expressly agreed upon, the port of shipment shall be at the Sellers' option. Partial shipments and transhipments shall be prohibited.
10. **Marine Cargo Insurance** : All shipments are to be covered by the Buyers on their own account and responsibility. All insurance policies shall be made out in American Currency and claims payable in New York.
11. **Payment** : Draft is to be drawn at 60 d/s under an Irrevocable L/C which should be opened in favor of the Sellers for the full invoice amount with full sets of shipping documents attached.
12. **Force Majeure** : The Sellers shall not be responsible for non-shipment or the delay in shipment due to force majeure, including mobilization, war, strikes, riots, civil commotion, hostilities, blockade, requisition of vessels, prohibition of export, fires, floods, earthquakes, tempest and any other contingencies, which prevent shipment within the stipulated period. In the event of any of the aforesaid causes arising, documents proving its occurrence or existence shall be sent by the Sellers to the Buyers without delay. In all cases of force majeure provided in the Article No. 12, the period of shipment stipulated shall be extended for a period of twenty-one (21) days. In case shipment within the extended period should still be prevented by a continuance of the causes mentioned in the Article No. 12 or the consequences of any of them, it shall be at the Buyers' option either to allow the shipment of late goods or to cancel the order by giving the Sellers the notice of cancellation by telecommunication.
13. **Claims** : Claims, if any, shall be submitted by telecommunication within seven (7) days from the date of final discharge of the goods at destination. Certificates by recognized surveyors shall be sent by airmail without delay.
14. **Arbitration** : All disputes, controversies, or differences which may arise between the parties, out of or in relation to or in connection with this contract, or for the breach therof, shall be finally settled

by arbitration in Busan, Korea in accordance with the Arbitration Rules of The Korean Commercial Arbitration Board and under the Laws of Korea. The award rendered by the arbitrator(s) shall be final and binding upon both parties concerned.

15. **Trade Terms :** Unless specially stated, the trade terms under this contract shall be governed and interpreted by the latest Incoterms.

This Agreement shall be valid on and after July 5, 2019.

the Sellers	the Buyers
Korean Trading Co., Inc.	**American Trading Co., Inc.**
Gil Dong Hong	*Smith Clark*
Gil Dong Hong	Smith Clark
President	President

해설

1) be entered into ~ : ~을 합의하다.
2) marks and numbers : 화인과 포장 일련번호

핵심문제

*** 다음 문항의 정답을 고르시오.**

1. 다음 설명과 관련이 있는 것을 고르시오. 〈2004-2회, 1급〉

> Contract which consists of the exchange of mutual promises, namely, a promise of a promise in which each party is both a promisor and a promisee.

① Consensual Contract ② Bilateral Contract
③ Remunerative Contract ④ Informal Contract

2. 다음 설명과 관련이 있는 것을 고르시오. 〈2002-1회, 1급〉

> A clause within the sales contract between the parties that specify the method under which disputes relevant to the contract in question will be settled.

① infringement clause ② arbitration clause
③ dispute clause ④ settlement clause

3. 다음 문장의 밑줄친 부분과 뜻이 같은 것을 고르시오. 〈63회, 1급〉

> <u>Except in case where</u> firm offers are accepted, orders must be confirmed by telecommunication.

① Except of ② Unless ③ Whenever ④ If

4. 아래의 영어문장은 어떤 서류나 내용을 설명하는 것인지 보기에서 고르시오. 〈2005-1회, 1급〉

> A Sales Contract includes a clause stated as "Draft(s) shall be drawn at sight, documents attached, for the full invoice value under an irrevocable Credit which shall be issued within 10 days after the conclusion of the contract". What is the terms this clause is related to?

① Arbitration Terms ② Trade Terms
③ Quality Terms ④ Payment Terms

5. 다음은 계약서를 작성할 때의 문안이다. 어떤 계약서의 필수조항인가? 〈2002-2회, 1급〉

> "Business is to be transacted between Sellers and Buyers as Principals to Principals on their own account and responsibility for the sale of the Sellers' Aluminum Ingots in the EU market."

① License and Technical Assistant Agreement
② Agency Agreement
③ Joint Venture Agreement
④ Agreement on General Terms and Conditions of Business

6. 다음 괄호 안에 들어갈 가장 적절한 것을 고르시오. 〈2009-3회, 1급〉

> We had asked you to pack them into strong wooden box with iron band, but they were packed in hardboard box which is not enough to (   ) multimodal transport.

① stand up ② stand up to
③ stand out ④ stand to

해설
· hardboard box : 목재대용의 하드보드 상자
· stand up to : 견디다.

7. 다음 문장의 괄호 안에 들어갈 알맞은 내용을 고르시오. 〈2008-1회, 1급〉

> An acceptance of an offer becomes effective at the moment (   ) reaches the offeror.

① the indication of refusal ② the indication of withdraw
③ the indication of assert ④ the indication of assent

8. 아래 〈보기〉의 괄호 안에 들어갈 적합한 단어나 구가 순서대로 나열된 것은? 〈2008-1회, 1급〉

> 보기
> A reply to an offer which purports to be an acceptance but contains additions, limitations or other modifications is (   ) and constitutes (   ).

① a counter — offer — acceptance
② a withdraw of the offer — a counter-offer
③ a rejection of the offer — a counter-offer
④ acceptance — firm offer

9. 다음 문장의 (　　)에 들어갈 가장 알맞은 내용을 고르시오. 〈2008-2회, 1급〉

Duffer(We) offered Koolcat(you) 12,000 tons of ceramic tiles for shipment in September, 2008 subject to Duffer's confirmation. So mere acceptance of Koolcat will constitute a rejection. However, (　　　) will constitute an acceptance.

① 'You simply accept our offer'
② 'We confirm your acceptance'
③ 'You confirm our acceptance'
④ 'We simply accept your offer'

10. 다음 설명과 관련이 있거나 괄호 안에 알맞은 것을 고르시오. 〈2000-1회, 1급〉

Seller has the (　　　) of shipping 5% more or less on the contracted quantity, such (　　　) to be settled at the CIF price.

① option - surplus or deficiency
② right - quantity or quality
③ option - variation or contract
④ distributorship - surplus and deficiency

11. 다음 빈칸에 들어갈 적절한 것을 고르시오. 〈2003-2회, 1급〉

As this is the first transaction between us, we prepare an "Agreement on General Terms and Conditions" in order to come to a thorough understanding. We would lke to know (　　　)

① if the clauses are agreeable to you
② if you have an objection to any of its clauses.
③ if you are subject to its clauses.
④ whether you have any intention of modifying any of its clauses.

12. 다음 문장의 괄호 안에 적절한 것을 고르시오. 〈2001-1회, 1급〉

We offered 100 sets of chinaware for shipment in October, 2001 at US$500 per set subject to our final confirmation. Therefore the following (　　) only from the offeree constitutes an acceptance.

① We are please to accept your offer.
② We confirm your acceptance.
③ We are pleased to accept shipment in October, 2001.
④ We would consider accepting your valuable chinaware

해설
· chinaware : 도자기

13. 다음 영어 문장을 우리말로 옮길 때 가장 적합한 것을 고르시오. 〈2005-1회, 1급〉

A statement made by or other conduct of the offeree indicating assent to an offer is an acceptance. Silence or inactivity does not in itself amount to acceptance.

① 청약에 대한 동의를 표시하는 피청약자의 언급 또는 기타의 행위는 이를 승낙으로 한다. 침묵 또는 무작위 그 자체는 승낙을 초과할 수 없다.
② 청약에 대한 동의를 표시하는 청약자의 진술 또는 기타의 행위는 이를 승낙으로 한다. 침묵 또는 무작위 그 자체는 승낙으로 되지 않는다.
③ 청약에 대한 동의를 표시하는 피청약자의 진술 또는 기타의 내용은 이를 승낙으로 한다. 침묵 또는 무작위 그 자체는 승낙을 초과할 수 없다.
④ 청약에 대한 동의를 표시하는 피청약자의 진술 또는 기타의 행위는 이를 승낙으로 한다. 침묵 또는 무작위 그 자체는 승낙으로 되지 않는다.

14. 다음 중 (　　) 안에 적합하지 않은 것을 고르시오. 〈55회, 2급〉

We thank you for your having given us the earliest opportunity of making this offer and trust you will accept it (　　).

① without loss of time　② without delay
③ as soon as possible　④ sooner or later

15. 다음 영어 문장을 우리 말로 옮길 때 가장 적합한 것을 고르시오. 〈2004-1회, 1급〉

> The buyer shall be liable for and hold the seller harmless from and against all losses and damages incurred and suits and claims brought by third party due to possible infringement of trademark, patent, copyright or other proprietaty rights of the third party.

① 매수인은 상표, 특허권, 저작권 또는 기타 제3자의 가능한 소유권 침해로 인하여 제3자가 제기하여 입은 손실과 손해액 그리고 소송 및 클레임에 대하여 책임을 지며 매도인은 면책된다.
② 매수인은 상표, 특허권, 저작권 또는 기타 제3자의 가능한 소유권 취득으로 인하여 제3자가 제기하여 입은 손실과 손해액 그리고 소송 및 클레임에 대하여 책임을 지며 매도인은 면책된다.
③ 매수인은 상표, 특허권, 저작권 또는 기타 제3자의 가능한 양도권 침해로 인하여 제3자가 제기하여 입은 손실과 손해액 그리고 소송 및 클레임에 대하여 책임을 지며 매도인으로 하여금 면책하도록 한다.
④ 매수인은 상표, 특허권, 저작권 또는 기타 제3자의 가능한 양도권 취득으로 인하여 제3자가 제기하여 입은 손실과 손해액 그리고 소송 및 클레임에 대하여 책임을 지며 매도인은 면책된다.

16. 다음 문장에서 (　)에 들어갈 적절치 않은 것을 고르시오. 〈2018-1회, 1급〉

> According to CISG, additional or different terms relating, among other things, to (　) are considered to alter the terms of the offer materially.

① the price, payment, quality and quantity of the goods
② place and time of delivery
③ late acceptance
④ the settlement of disputes

17. CISG에 따라, 유효한 승낙으로 간주되는 것을 고르시오. 〈2018-1회, 1급〉

① Acceptance by silence
② Offeree's conduct indicating assent to the offer
③ Acceptance by inactivity
④ Counter offer for ecpiry extension

18. CISG에 따라서 옳은 것은 어느 것인지 고르시오. 〈2018-1회, 1급〉

> On 1 July Seller delivered an offer, which is valid until 30 Sep 2018, to Buyer. On 15 July Buyer sent letter "I do not accept your offer because the price is too high" but on 10 August the Buyer sent again "I hereby accept your prior offer of 1 July". Seller immediately responded that he could not treat this "acceptance" because of Buyer's earlier rejection.

① the price, payment, quality and quantity of the goods
② place and time of delivery
③ late acceptance
④ the settlement of disputes

19. 다음 문장을 읽고 어떤 날짜가 빈칸에 적절한 것으로 추론될 수 있는지 고르시오. 〈2018-3회, 2급〉

> (a) However, we hereby request that the contract be extended to May 31, 2018.
> (b) If this is acceptable, please indicate your acceptance by signing below and returning the original document to us no later than ( ).
> (c) As you aware, the market reserch service contract is due to expire on December 30, 2017.
> (d) The reason for this request is time constraints on further research.

① February 1, 2018. ② November 30, 2017.
③ December 31, 2017. ④ May 31, 2018.

20. 다음 빈칸에 들어갈 적절한 것을 고르시오. 〈2018-1회, 2급〉

> Offer on approval : an offer which needs the offeror's ( ) on the acceptance for the conclusion of a contract even though the offeree accepted the offer.

① acknowledgement ② signature
③ invitation ④ objection

매매계약과 주문 제 6 장

제 1 절 매매계약

1 매매계약서 작성의 의의

무역계약에 있어서는 정식의 매매계약서(Contract Note)를 작성하는 것이 아니라 매도인의 물품매도확약서(Offer-Sheet), 매도확약서(Sales Note), 주문확인서(Confirmation of Order), 또는 매수인의 주문서(Order-Sheet), 구매확약서(Purchase Note) 및 심지어는 신용장, 작업지시서 등의 접수로 매매계약서의 작성을 대신하는 것이 일반적이다.

그런데 무역계약이 성립하였다는 것은 대부분 '매매'가 아니라 '매매의 합의'가 성립한 것을 의미한다. 따라서 무역계약은 그 성립 후에 계약조건에 따른 매매당사자의 의무이행이 수반되는 것이 특징적이다.

그러므로 무역계약의 거래조건이 완전하고도 정확하게 이행되기 위해서는 계약내용을 기록하는 것이 중요하며, 그 확인의 문서가 매매계약서이다. 특히 무역계약은 구두에 의한 양당사자의 합의에 의해서도 유효하게 성립하므로, 그 성립 후에 즉시 매매계약서를 작성하는 것은 계약조건의 완전한 이행을 위해 매우 중요하다.

또한 무역계약은 그 국제성 · 격지성 등의 성질상 그 내용이 특수하고, 또한 복잡하여 오해나 분쟁이 생기기 쉽다. 따라서 계약내용에 대하여 오해를 피하고, 또한 장래의 클레임 등의 분쟁이 발생한 경우에 그 계약내용을 입증하는 증거를 확보하기 위해 계약조건이 기록되고 양당사자가 서명하여 확인한 매매계약서를 작성하는 것이 필요하다.

❷ Model Correspondence

1) Useful Expression

▶▶ 거래당사자의 법률적 지위

This Contract recognizes[1] the fact that it is on a principal to principal basis[2] between Seller and Buyer.

해설

1) recognize : 인정하다. 입증하다.
2) on a principal to principal basis : 본인과 본인 간의 거래를 근본으로 하여

▶▶ 계약서 서두 문구

We confirm[1] having sold to you the following goods on the terms and conditions set hereunder.[2]

해설

1) confirm : (계약내용을) 확인하다.
2) on the terms and conditions set hereunder : 이하에 기재된 거래조건으로

▶▶ 계약서 서두 문구

We as Seller[1] confirm having sold to you as Buyer the following goods on the terms and conditions as stated below and on the back[2] hereof.

해설

1) as Seller : 매도인으로서
2) on the back : 이면에

▶▶ 대리점 계약

The Agent will survey[1] his entire territory for interested potential customers[2] and will furnish price quotations,[3] directly to the potential consumer of products which may be sold in the territory.

해설

1) survey : 조사하다.
2) potential customers : 잠재고객
3) price quotations : 가격 견적서

▶▶ 독점판매계약의 체결

An exclusive sales contract[1] has been entered into between you and me.

해설

1) exclusive sales contract : 독점판매계약

▶▶ 독점대리점계약의 체결 제의

We would like to suggest you to conclude an exclusive representative contract[1] for twelve(12) months with you. If our transactions turn out[2] to be successful during this period, we would conclude three year rolling contract.[3]

해설

1) exclusive representative contract : 독점대리점계약
2) turn out : 판명되다.
3) three year rolling contract : 3년 주기 계약

▶▶ 보세가공무역계약의 체결

A bonded processing trade contract[1] is made and agreed on this July 15, 2019 by and between the following parties concerned.

해설

1) bonded processing trade contract : 보세가공무역계약

▶▶ 계약서의 선적조항

Partial shipment and/or transhipment shall be permitted unless otherwise stated on the face[1] hereof.

해설

1) on the face : 앞면에

구두에 의한 특별협정

Special arrangement[1] are sometimes made by oral consent.[2]

해설

1) special arrangement : 특별협정
2) oral consent : 구두 합의

소유권조항

Seller reserves the property[1] in the goods sold until the payment is settled.[2]

해설

1) reserve the property : 소유권을 보유하다.
2) payment is settled : 결제되다.

담보조항

Seller shall warrant the merchantability and fitness[1] for a particular purpose of the goods.

해설

1) warrant the merchantability and fitness : 상품성 및 적합성을 담보 보증하다.

클레임의 제기

Any claim by buyer, except for latent defects,[1] must be made in writing as soon as practicable[2] after the arrival of the goods at the final destination specified on the face hereof.

해설

1) latent defect : 고유의 하자
2) as soon as practicable : 가능한 빨리

계약내용의 구속력

No change, modification and amendment of this Contract are binding upon[1] principal and agent, unless in writing signed by both parties.[2]

해설

1) be binding upon ~ : ~을 구속하다.
2) signed by both parties : 양당사자에 의해 서명된

계약의 취소

Unilateral cancellation[1] of this contract is prohibited unless parties A and B agree upon beforehand.[2]

해설

1) unilateral cancellation : 일방에 의한 취소
2) beforehand : 사전에

권리침해조항

Seller or Buyer shall hold the other party free from liability[1] for any infringement[2] with regard to patent, trade mark, design and/or copyright[3] originated or chosen by him.

해설

1) hold the other party free from liability : 상대방에 대해 면책이다.
2) infringement : 권리침해
3) copyright : 저작권

준거법조항

Both the conclusion and the performance of this Contract shall be governed by Korean laws.[1]

해설

1) be governed by Korean laws : 한국 국내법에 의해 준거되다.

계약의 효력발생시기

This Contract shall be valid[1)] for a period of one year commencing from the 10th May, 2019.

해설

1) be valid : 유효하다.

2) Model Correspondence

Model 1 » 계약서

This Contract entered into between ABC Trading Co., Inc.(in this Contract called "Seller"), a Korean corporation having its principal office in Seoul, Korea and DEF Trading Co., Inc.(in this Contract called "Buyer"), a Japanese corporation having its principal office[1)] in Tokyo, Japan,

WITNESSES AS FOLLOWS :

1. Type of Business

Seller is engaged in the dealing of XYZ goods and desires to sell XYZ goods to Buyer, and Buyer desires to purchase XYZ goods from Seller subject to terms and conditions stated in this Contract.[2)] This Contract recognizes the fact that it is on a principal to principal basis between Seller and Buyer.

2. Products and Quality

XYZ goods produced by Gold Mining Co., Inc. at its silver Mine, with the following typical analysis[3)] :

X 6–8% (minimum 4% guaranteed)
Y 30–40%
Z 1–3%
Total Sulphur content[4)] 6–8%

If the X content should be less than 4%, Buyer has a right to cancel the material.[5)]

3. **Quantity**

48,000 dry metric tons, 10% more or less[6] at Seller's option.

4. **Payment**

Draft is to be drawn at sight under Irrevocable Letter of Credit.

5. **Shipment**

Each shipment will take place monthly[7] with a minimum interval of twenty five (25) days between shipments.[8] Buyer shall nominate a vessel[9] to Seller at least three (3) weeks prior to her scheduled departure[10] from the port. If Seller fails to ship[11] the monthly quantity, Buyer has a right to cancel the quantity thus unshipped and Seller shall bear the loss[12] incurred in consequence.

6. **Price**

Prices are to be quoted on FOB Busan in the U.S. Currency.

7. **Packing**

In suitable steel drums.[13] If second hand drums[14] are used such drums shall be lined with polyethylene.

8. **Marine Insurance**

Buyer shall arrange[15] marine insurance including the following institute clauses[16] :

(i) F.P.A. Clause

(ii) War Risk and S.R.C.C. Clause

(iii) Spontaneous Combustion Clause[17]

(iv) Warehouse to Warehouse Clause,[18] up to the extent of delivery at the warehouse of each first shipment. Insurance for shipment shall cover One Hundred and Ten percent(110%) of the CIF value of the XYZ goods. Insurance policies shall provide for payment of claims[19] in Japan in the U.S. Currency.

9. Force Majeure

Non-delivery of all any party of the XYZ goods caused by prohibition of export, refusal to issue export license or permit,[20] arrests and restraint of rules, war or warlike operations, blockade, revolution, insurrection, mobilization, strikes, civil commotions, riots, Act of God, plague or other beyond the Seller's and/or Buyer's control shall operate as a cancellation of this contract[21] to the extent of such non-delivery.

10. Infringement

Seller or Buyer shall hold the other party free from liability for any infringement with regard to patent, trade mark, design and/or copyright originated or chosen by him.

11. Arbitration

Any dispute which may arise under this contract and which cannot be disposed of[22] by mutual agreement,[23] shall be settled by arbitration in Japan. Arbitration may be initiated[24] by either party giving thirty(30) days' notice in writing to the other[25] commencement of arbitration proceedings.[26] Thereupon, a board[27] of three(3) arbitrators shall be appointed one of whom shall be chosen by the Buyer, one by the Seller and a third by the two(2) so chosen. Their award or that of any two of them[28] shall be final and binding upon both parties.

12. Duration and Termination

This Contract will be effective initially for a period of two(2) years from the date first above written and will be automatically extended each year after March 1, 2019 for a further period of one year unless Buyer or Seller give notice of their intention to terminate[29] this Contract by correspondence dated[30] at least six(6) months prior to the date such termination is to become effective.[31]

13. Entire Understanding

This Contract sets forth[32] the entire agreement and understanding between the parties as to the subject matter of this Contract,[33] and merges and supersedes[34] all prior discussions agreements and understandings of any every nature between them, and neither party shall be bound by any condition, definition, warranty or representative other than[35] as expressly provided for in this Contract, or as may be on a subsequent date duly set forth in writing and signed by a duly authorized officer of the party to be bound.[36]

14. Proper Law[37]

The formation,[38] validity, construction and the performance of this Contract are governed by the laws of Japan.

IN WITNESS WHEREOF, the parties have executed this Contract in duplicate by their duly authorized representative as of the date first above written.

15. Trade Terms

Unless specially stated, the trade terms under this contract shall be governed and interpreted by the latest Incoterms.

This Contract shall be valid on and after March 1, 2019.

Seller	Buyer
ABC Trading Co., Inc.	**DEF Trading Co., Inc.**
Gil Dong Hong	*Miyasita Kunio*
Gil Dong Hong	Miyasita Kunio
President	President

해설

1) principal office : 주요 사무소, 본점
2) subject to terms and conditions stated in this Contract : 계약서에 기술된 거래조건으로
3) typical analysis : 특징적인 내용물을 포함하다.
4) Sulphur content : 유황 내용물
5) a right to cancel the material : 그 물품의 인수를 취소할 권리
6) 10% more or less : 10%의 과부족을 인정하는
7) take place monthly : 매달 (선적이) 이루어지다.
8) between shipments : 전후 선적기간 사이
9) nominate a vessel : 선적할 선박을 지정하다.

10) at least three (3) weeks prior to her scheduled departure : 적어도 선박 출항예정일 3주전에
11) fail to ship : 선적하지 못하다.
12) bear the loss : 손실을 부담하다. 손실을 책임지다.
13) steel drum : 강철 드럼통
14) second hand drum : 중고 드럼통
15) arrange : 부보하다.
16) institute clause : 협회적하약관, 런던보험자협회가 제정한 협회적하약관(ICC)을 말한다.
17) Spontaneous Combustion Clause : 자연발화약관, 일정분의 자연발화에 대하여 매도인은 면책된다.
18) Warehouse to Warehouse Clause : 창고간약관, 본문 약관에서 정한 보험기간을 연장하거나, 離路(deviation) 등으로 위험의 변경이 있을 경우에 계속적인 담보를 약정한 약관이다. 즉 창고간약관의 보험담보범위는 화물이 최초 송화인의 창고를 출발할 때부터 운송과정을 거쳐 최종 수화인의 창고에 입고될 때까지이다.
19) payment of claims : 보험금의 지급
20) refusal to issue export license or permit : 수출승인 및 수출면장 발행의 거절
21) a cancellation of this contract : 이 계약의 취소
22) be disposed of ~ : ~을 해결하다.
23) mutual agreement : 우호적인 화해
24) initiate : 개시하다.
25) by either party giving thirty(30) days' notice in writing to the other : 어느 일방이 30일전에 상대방에게 서면으로 통지하는 것에 의해
26) commencement of arbitration proceedings : 중재절차의 개시
27) board : 중재판정부
28) their award or that of any two of them : 중재인 3인의 판결 또는 중재인 3인중 2인의 판결
29) terminate : 유효기간이 종료하다.
30) by correspondence dated : 일자가 기재된 통신문에 의해
31) such termination is to become effective : 계약의 유효기간이 종료되는
32) set forth : 설명하다. 입증하다.
33) the subject matter of this Contract : 이 계약의 목적물(객체)
34) merge and supersede : 흡수 반영하여 대체하다.
35) other than ~ : ~이외의
36) the party to be bound : 구속력 있는 당사자
37) proper law : 준거법(=governing law, applicable law)
38) formation : (계약의) 성립

Model 2 》 매도확약서

SALES NOTE NO. 1234

The American Trading Co., Inc.

We confirm having sold to you today as specified hereunder. Please sign and return the duplicate[1] immediately and inform us of any discrepancies. Otherwise, this contract will be deemed as confirmed and accepted by you.

Article & Quantity : 1,000 sets, Color TV
Price : @ US $400 CIF New York per set
Shipment : During July, 2019
Destination : New York
Packing : 25 sets each to be packed in an export carton case.
Mark & Number

N-Y
New York
C/N 1- 400
Made in Korea

Insurance : To be effected[2] by shipper, WA including risks of TPND[3] for 110% over the invoice amount. Claims to be payable at New York

Terms of Payment : Draft at 30 days' after sight under an irrevocable L/C

Remarks : Unless otherwise expressly stated, this contract is subject to Agreements on General Terms and Conditions of Business previously exchanged. Other terms and conditions are as per on the back hereof. Please sign and return the duplicate.

This Contract shall be valid on and after July 1, 2019.

Accepted by :

Seller	Buyer
The Korean Trading Co., Inc.	The American Trading Co., Inc.

해설

1) the duplicate : 사본, 부본
2) effect : 부보하다.
3) risks of TPND : 도난, 拔貨, 未着위험(Theft, Pilferage and Non-Delivery)

제2절 주 문

1 주문과 확인

무역계약이 청약과 승낙에 의해 성립하면 매매계약서를 체결하게 되고, 이어 매수인은 매도인에게 계약과 일치하는 조건의 주문서(Order-Sheet)를 발송하는 것이 일반적이다. 이 경우 주문서와 함께 물품 생산과 관련한 작업지시서(Working Instruction)를 함께 보내기도 하며, 무역결제방식이 신용장인 경우 매수인은 매도인을 수익자로 하는 신용장을 개설하여 매도인에게 통지하여야 한다. 그리고 매도인은 이 주문서를 받으면 그 조건을 받아들여 그 조건과 일치하는 물품을 판매하겠다는 의사표시를 하게 되는데, 이를 주문확인(Acknowledgement)이라고 하며, 또한 매도인은 이 주문서와 작업지시서에 따라 물품을 생산 또는 구매하여 선적하게 된다.

그런데 무역계약은 청약과 승낙만 있으면 성립하므로 매수인이 주문서를 발송하는 것은 의무 사항은 아니며, 계약이행을 완전하고 정확하게 하기 위한 것이라고 볼 수 있다. 그리고 이 주문서는 매수인이 매도인에게 발송한 구매확약서(Purchasing Note), 또는 매도인이 매수인에게 발송한 물품매도확약서(Offer-Sheet), 매도확약서(Sales Note), 견적서(Quotations), 가격표(Price List) 등으로 대신하는 경우도 많으며, 또한 이 주문서는 매도인의 청약에 대한 매수인의 승낙의 의사표시로서도 대용되고 있다.

❷ Model Correspondence

1) Useful Expression

▶▶ 시험주문 권유

A trial order[1] will convince you that this goods is excellent in quality.

해설

1) trial order : 시험주문, 물품을 점검하여 보고 승낙하기 위한 주문이다.

▶▶ 주문 기대

We await the pleasure of your order,[1] which shall have my immediate attention.

해설

1) await the pleasure of your order : 주문을 기쁜 마음으로 기대하다.

▶▶ 시험주문

We are pleased to send you herewith a small trial order[1] as follows.

해설

1) send a trial order : 시험주문서를 보내다.

▶▶ 정규주문

The company mentioned in your correspondence of the 25th of May has placed regular orders[1] with us for several years.

해설

1) place regular orders : 정규 주문을 하다.

▶▶ 주문

We are happy to give you an order[1] for 100 Computers and Monitors each, and enclose Order-Sheet No. 1234 in which you will find details of the goods ordered and other terms.[2]

해설

1) give an order : 주문을 하다.
2) terms : 거래조건

주문 확인

We are pleased to receive your Order No.101[1] for shirting.

해설

1) Order No.101 : 주문서 101

주문 확인

Thank you very much for your order of March 10 on Family Tents and are willing to accept your order.[1]

해설

1) be willing to accept your order : 기꺼이 주문을 확인 수락하다.

주문 확인 및 수락 독촉

Please accept our order[1] for the following books on our usual discount terms of 25% off published prices.

해설

1) accept our order : 당사의 주문을 확인 승낙하다.

주문서 동봉

We thank you for your quotation of July 5 and enclose our order number 123 for 4 of the items.[1]

해설

1) 4 of the items : 4가지 품목에 대하여

▶▶ 주문 확인 및 물품 선적 통지

Thank you for your order number 237 for bed coverings. As all items were in stock,[1] they have been despatched to you today by cargo train.

해설

1) be in stock : 재고로 가지고 있다.

▶▶ 선적불이행에 대한 매수인의 권리

The buyer shall reserve the right[1] to alter quantities or cancel order[2] if not shipped by the above date.

해설

1) reserve the right : 권리를 가진다. 권리를 유보한다.
2) to alter quantities or cancel order : 수량변경 또는 주문취소

▶▶ 더 많은 주문 기대

We hope you will find these goods satisfactory, and that we may have the pleasure of further orders[1] from you.

해설

1) further orders : 더 많은 주문

▶▶ 더 많은 주문 기대

We hope this will lead to more considerable orders.[1]

해설

1) more considerable orders : 더욱 상당히 많은 주문

▶▶ 주문에 대한 배려

We assure you that your orders will receive our best and most careful attention.[1]

해설

1) best and most careful attention : 최상의 주의 깊은 배려

▶▶ 주문 거절

We regret that our stock of the type of lawn mower you ordered is sold out.[1] Unfortunately we do not know for certain[2] when we shall be able to ship the goods to you.

해설

1) be sold out : 매진되다.
2) for certain : 확실히

2) Model Correspondence

Model 1 » 자전거에 대한 정규적인 주문을 위한 제의

Dear Sir or Madam

Will you please send us your current catalogue and price list for bicycles? We are interested in bicycles for both men and women, and also for children.

We are the leading bicycle dealers in this city, where cycling is popular,[1] and have branches in five neighbouring towns. If the quality of your products is satisfactory and the prices are reasonable, we expect to place regular orders[2] for fairly large numbers.[3]

In the circumstances, will you please indicate whether you are able to allow us a special discount? This would enable us to maintain the low selling prices[4] which have been an important reason for the growth of our business. In return,[5] we would be prepared to place orders for a guaranteed annual minimum number of bicycles,[6] the figure to be mutually agreed.

We look forward to hearing from you soon.

Yours faithfully

해설

1) cycling is popular : 자전거에 대한 경기가 좋다.
2) place regular orders : 정규적으로 주문하다.
3) for fairly large numbers : 매우 많은 양의
4) the low selling prices : 낮은 판매 가격
5) in return : 보답으로
6) a guaranteed annual minimum number of bicycles : 자전거에 대한 매년 보장된 최저 수량

Model 2 》 시험주문

Gentlemen :

We are pleased to send you herewith a small trial order[1] as follows :

10 dozen Sample No. 21 "PARKER" Fountain-pens

We request you to execute so that they may arrive here not later than the end of March. This is important, as we find we are almost out of stock of this line[2] and the demand is usually rather brisk at this season of the year.

If the present transaction turns out satisfactory we can promise you further orders.

Yours faithfully

해설

1) a small trial order : 소규모의 시험주문
2) almost out of stock of this line : 이 물품에 대한 재고가 거의 없다.

Model 3 》 주문

Gentlemen :

Please supply the following goods :

Electric Typewriter PA-311, 10 sets @ US$ 300, US$ 3,000
Portable Typewriter FA-261, 10 sets @ US$ 70, US$ 700
Delivery : By the end of March, 2019

Terms : Draft at sight under irrevocable L/C
Invoice : Commercial Invoices in triplicate[1)]

The Order No. 123 must be stated on all invoices and correspondences. Final shipping instructions[2)] will follow. Please confirm this order[3)] by return.

Yours faithfully

해설

1) Commercial Invoices in triplicate : 상업송장 3통 제시
2) shipping instruction : 선적지시
3) confirm this order : 이 주문서를 확인하다.

Model 4 » 주문 확인

Gentlemen :

We are pleased to confirm that all the books which you ordered on 3 April are now packed and ready for despatch.

The consignment[1)] awaits collection[2)] at our warehouse and consists of two cases, each weighing about 100kg.

Arrangements for shipment,[3)] CIF Singapore, have already been made with W. Watson & Co., Ltd. our forwarding agents.[4)] As soon as we receive their statement of charges,[5)] we will arrange for shipping documents[6)] to be sent to you through Barclays Bank against our draft for acceptance,[7)] as agreed.

We appreciate this opportunity to serve you, and look forward to further business with you.

Yours truly,

해설

1) consignment : 선적품, 적하품
2) collection : (운송을 위한) 집화
3) arrangements for shipment : 선적 절차
4) forwarding agent : 운송주선업자(= freight forwarder)
5) statement of charge : 운임 등 비용 청구서
6) to arrange for shipping documents : 선적서류를 준비하다.
7) against our draft for acceptance : 기한부환어음의 인수 조건으로

Model 5 》 주문서

G. WOOD & SONS Electrical Supplies
36 Castle Street Bristol BS1 2BQ
Telephone 54967

ORDER-SHEET NO. 3241

November 24, 2019

Electrical Supplies Co., Ltd.
BIRMINGHAM B1 2HE

Gentlemen :

We have the pleasure of placing the following order with you.
Please supply :

Quantity	Item(s)	Price(£)
10	Swanson Electric Kettles (2 litre)	25.00 each
10	Cosiwarm Electric Blankets (single-bed size)	24.50 each
10	Regency Electric Toasters	25.50 each
10	Marlborough Kitchen Wall Clocks	27.50 each

Terms $33\frac{1}{3}$% trade discount

for G. Wood & Sons

Model 6 》 주문품 인도불능 통지

Gentlemen :

We thank you for your order of March 15 for electric shavers, but regret that we cannot supply them immediately owing to a fire in our factory.[1)]

We are making every effort to resume production[2)] and fully expect to be able to deliver the shavers by the end of this month.

We apologize for the delay and trust it will not cause you serious inconvenience in the future.

Yours faithfully

해설

1) owing to a fire in our factory : 당사 공장의 화재 때문에
2) resume production : 생산을 재개하다.

Model 7 » 주문 거절

Gentlemen :

Thank you for your quotation for bicycles dated February 20, 2019. I thank you for your trouble in this matter, but as your prices are very much higher than those I have been quoted by other dealers, I regret I cannot give you an immediate order.[1] I shall bear your firm in mind[2] when I require other products in the future.

Yours faithfully

해설

1) give an order : 주문하다.
2) bear your firm in mind : 귀사를 마음에 두고 고려하다.

핵심문제

*** 다음 문항의 정답을 고르시오.**

1. 다음 문장의 내용과 관련이 있는 것은? 〈57회, 2급〉

> An event that is beyond human control, especially one in which something is damaged or someone is hurt.

① claim damages ② Act of God
③ breakages ④ workforce

해설
· beyond human control : 인간의 통제를 넘어선
· Act of God : 천재지변 · workforce : 취업노동력

2. 다음 중 그 의미가 적절하지 않게 연결된 것은? 〈2007-2회, 1급〉

① 계약형식 – Formation of Contract
② 지연선적 – Delayed Shipment
③ 허위진술 – Misrepresentation
④ 선의의 소지자 – Bona Fide Holder

3. 다음 중 밑줄 친 부분과 대체 될 수 없는 것은? 〈2008-3회, 1급〉

> We are very sorry to advise you that the shipment covering your order No.1234 is difficult to <u>carry out</u> until March 23, 2004 owing to labor strike.

① take care of ② execute
③ fulfill ④ implement

4. 다음 문장의 내용과 관련된 것을 고르시오. 〈58회, 1급〉

Contract of sale need not be concluded in or evidenced by writing and is not subject to any other requirement as to form.

① consensual contract ② bilateral contract
③ informal contract ④ remunerative contract

해설
· contract of sale : 매매계약 · by writing : 서면에 의해 · form : 형식
· consensual contract : 낙성계약 · bilateral contract : 쌍무계약
· informal contract : 불요식계약 · remunerative contract : 유상계약(=compensation contract)

5. 다음 문장의 내용과 관련된 것을 고르시오. 〈58회, 1급〉

A contract in which both the contracting parties are bound to fulfil obligations reciprocally towards each other as a contract of sale, where one comes to deliver the thing sold, and the other to pay the price of it.

① consensual contract ② bilateral contract
③ informal contract ④ remunerative contract

해설
· contracting party : 계약당사자 · reciprocally : 상호간에
· deliver the thing sold : 매매물품의 인도 · pay the price of it : 물품에 대한 대금의 지급

6. 다음 지문을 읽고 물음에 맞는 답이나 가장 관련된 것을 고르시오. 〈2008-1회, 1급〉

Violation of a contractual obligation, either by failing to perform one's own promise or by interfering with another party's performance.

① Breach of Warranty ② Bleach of Contract
③ Bleach of Warranty ④ Breach of Contract

해설
· bleach : 표백

7. 다음 설명과 가장 관련이 있는 것을 고르시오. 〈2006-1회, 1급〉

Neither party shall be liable in any manner for failure or delay upon fulfillment of all or part of this Agreement, directly or indirectly owing to Act of God, accident or any other causes of circumstances beyond either party's control.

① Delayed shipment
② Force Majeure
③ Arbitration
④ Cancellation

8. 다음 괄호 안에 들어갈 가장 적절한 것을 고르시오. 〈2009-3회, 1급〉

> Our company will be fully engaged in production for the time being (　　) the rush of orders from your country. Under these circumstances, we have no room to accommodate more orders this time.

① in spite of　② in order to　③ due to　④ according to

9. 다음의 괄호 안에 들어갈 용어로 적합하지 않은 것은? 〈2003-2회, 1급〉

> If your price and quality are attractive, we will be able to place a (　　) large order with you.

① substantially
② fairly
③ considerably
④ some

10. 다음 중 아래 문장의 밑줄 친 부분의 해석이 잘못된 것은? 〈2007-1회, 1급〉

> In the event of cancellation of this contract and/or rejection of the goods, the seller shall be entitled to resell the goods to third parties regardless of ①<u>patent</u>, ②<u>trademark</u>, brand, ③<u>utility</u> model and ④<u>copyright</u> etc. thereon the buyer shall not raise any objection to such disposition.

① 특허권
② 상표권
③ 의장권
④ 저작권

11. CISG에서 규정한 계약위반에 대한 구제에 관하여 옳지 않은 것을 고르시오. 〈2017-3회, 1급〉

① The buyer may require the delivery of substitute goods only when non-conformity constitutes a fundamental breach of contract.

② The buyer may require to repair the goods only when non-conformity constitutes a fundamental breach of contract.

③ When non-delivery of goods constitutes a fundamental breach of goods, the buyer may declare avoidance of contract.

④ The buyer may claim for damage even when non-conformity does not constitute a fundamental breach of contract.

12. 다음은 보증에 관한 설명이다. 빈칸 (A)을 채우시오. 〈2018-2회, 2급〉

Warranty : CISG provides that the seller must deliver goods that are of (A) required by the contract.

① the quantity, quality and description
② inspected goods
③ Insured goods
④ duplicate samples

13. 다음 문장을 가장 적절한 곳에 넣으시오. 〈2016-2회, 1급〉

Shipping instructions and Letter of Credit will be issued upon receipt of your fax confirmation of our order.

Dear Mr. Hwang Thank you very much for your letter of October 25 with a price list and samples. (A) We are glad to make our order No. KR354 as specified in our Order Sheet enclosed. (B) This order is based on the price list and samples you sent. (C) We hope that you make usual and careful execution going forward. (D)

① (A) ② (B) ③ (C) ④ (D)

14. 밑줄친 빈칸에 가장 적절한 표현은 무엇인지 고르시오. 〈2017-2회, 1급〉

On 12 August I ordered 12 copies of 'Background Music' by H Lowery under my order number FT567. On opening the parcel received this morning I found that it contained 12 copies of 'History of Music' by the same author. I regret that I cannot keep these books as I have an adequate stock already. I am therefore returning the books by parcel post for immediate replacement, as I have several customers waiting for them. Please ____________ with the invoiced value of the returned copies including reimbursement for the postage cost of USD 17.90.

① credit my account ② send me
③ transfer to your account ④ postpone it

15. 다음 중 CISG 하에서 매도인의 의무가 아닌 것은 무엇인가? 〈2018-3회, 2급〉

> Tale Quale is used in contract for shipment of grain in bulk to signify that the consignor will accept the goods in whatever condition they arrive, so long as they were in good order at time of shipment, as evidenced by a certificate of quality issued by an impartial inspection agency. This condition arises most commonly when the grain is shipped in dry – cargo type vessels, rather than tankers.

① to deliver the goods
② to provide any documentation relating to the goods
③ to transfer the property in the goods to the buyer
④ to take over the goods

해설
· impartial : 공정한

16. 다음 문장의 빈칸을 적절한 단어로 채우시오. 〈2017-1회, 1급〉

> We place this (1) on the clear understanding that the (2) are despatched in time to reach us by the 31st May and reserve the right to cancel it and to refuse (3) after this date, we suggest (4) by bill of exchange drawn on us at 30 days after sight.

① (1) order (2) goods (3) delivery (4) payment
② (1) delivery (2) payment (3) goods (4) order
③ (1) order (2) payment (3) delivery (4) goods
④ (1) order (2) goods (3) payment (4) delivery

17. 다음에 알맞은 조항은 무엇인지 고르시오. 〈2018-1회, 1급〉

> In the event of cancelation of this clause or rejection of the goods, seller shall be entitled to resell or otherwise dispose of the goods to third parties, regardless of the trademark, design, patent, copyright, utility model etc., thereon buyer shall not raise any objection to such disposition.

① non–waiver clause ② confidentiality clause
③ infringement clause ④ product release clause

해설
· non-waiver clause : 불포기조항 · confidentiality clause : 비밀유지조항 · release clause : 전매조항

18. 다음 중 가장 적절하지 않은 표현을 포함한 것은 무엇인가? 〈2017-2회, 1급〉

> We have recently opened an electrical goods store at the above address and (a) <u>have received some enquiries</u> for (b) <u>the following domestic appliances by which at present we hold ample stocks:</u>
> Swanson Electric Kettles, 2 litre
> Cosiwarm Electric Blackets, single-bed size
> When I phoned you this morning, (c) <u>you informed me that all these items are available in stock for immediate delivery.</u> Please let me have your prices and terms for payment 2 months form date of invoicing. (d) <u>If prices and terms are satisfactory,</u> we would place with you a first order for 10 of each of these items.

① (a) ② (b) ③ (c) ④ (d)

19. 다음 문장은 계약서의 일부이다. 어떤 종류의 조항인가? 〈2018-1회, 1급〉

> If any provision of this Agreement is subsequently held invalid or unenforceable by any court or authority agent, such invalidity or unenforceability shall in no way affect the validity of enforceability of any other provisions thereof.

① Non-waiver clause ② Infringement clause
③ Assignment clause ④ Severability clause

해설

· severability clause : 가분성조항-특정조항이 무효이더라도 다른 조항에는 영향이 없다.

20. 아래에 대한 영작문으로 가장 적절하지 않은 것을 고르시오. 〈2018-3회, 2급〉

> 당사는 귀사에 대량주문을 하고자 합니다.

① We would like to send a considerable order to you.
② We are happy to put a substantial order with you.
③ We want to place an initial order with you.
④ We are pleased to make a huge order with you.

운송과 보험 제 7 장

제1절 운 송

1 운송의 의의

매매계약서의 작성과 주문에 의해 계약조건과 일치하는 물품을 준비한 매도인은 그 물품을 운송에 적합하게 포장(Packing)한 다음, 선적조건에 따라 선적하여 매수인에게 인도(Delivery)하여야 한다. 이 절차는 정형거래조건 및 선적조건에 따라 상이하지만, 일반적으로 매도인은 운송에 적합하게 포장한 물품을 통관(Clearance)절차를 완료하여 수출승인(Export License) 및 수출면장(Export Permit)을 획득한 다음, 운송에 적합한 육 · 해 · 공 운송수단을 이용하여 선적함으로써 그 약정품을 매수인에게 인도하게 된다.

이 운송행위는 무역계약의 이행절차 중 가장 중요한 비중을 차지하는 분야로서, 오늘날 국제복합운송(International Multimodal Transportation) 등 국제물류(International Logistics) 행위의 중요성이 한층 강조되고 있다. 현재 국제적으로는 해상운송(Marine Transportation) 및 국제복합운송이 가장 활발하게 이용되고 있지만, 신속한 운송의 장점을 가지고 있는 항공운송(Air Transportation) 및 국제복합운송의 말단운송을 담당하고 있는 육상운송(Land Transportation)의 중요성 또한 강조되고 있다.

② Model Correspondence

1) Useful Expression

▶▶ 유용한 선복 확보노력

We fear there would be no space available[1] in our M.S.[2] "SONS SONG" of King-Lloyd[3] to London before the end of December.

해설

1) space available : 유용한 선복, 화물을 선적할 수 있는 공간
2) M.S. : 동력선(=Motor Ship), S.S. = Steam Ship, M.V. = Motor Vessel
3) M.S. "SONS SONG" of King-Lloyd : King-Lloyd 사의 선박 "SONS SONG"호

▶▶ 해상운송 운임 및 항해일정 조회

Will you please quote your rate for freight[1] and send us details of your sailings[2] and the time usually taken for the voyage?

해설

1) rate for freight : 운임률
2) sailing : 항해일정

▶▶ 해상운송 운임조건

The freight for the voyage[1] must not exceed total US$ 500.

해설

1) freight for the voyagee : 해상운송운임

▶▶ 해상운송 운임조건

While freight is normally arranged according to weight, measurement or value, the shipper may agree to pay a lump sum freight[1] for the use of the entire ship or a portion thereof.

해설

1) lump sum freight : 선복운임, 화물의 유형, 개수, 용적, 중량에 관계없이 선복 단위로 계산된 운임을 말한다.

해상운송 선적통지

We are pleased to advise you that we have shipped[1] to your consignment.

해설

1) ship : 선적하다.

해상운송 선적통지

We are pleased to inform you that we have shipped the following goods covering your Order No. 1234[1] for 1,000 doz. of Gloves, by M.V. "HYUNDAI" of ABC Shipping Co. due to leave[2] Busan on September 20, 2009 for New York. The ETA[3] will be around October 15, 2019.

해설

1) covering your Order No. 1234 : 주문서 No. 1234에서 약정한 내용의
2) due to leave : 출항할 예정인
3) ETA : 도착예정시간(=Estimated Time of Arrival), ETD(=Estimated Time of Departure) : 출항예정시간

포장상태 통지

We have taken special care[1] to pack your goods for the safe arrival at the destination.

해설

1) take special care : 특별한 주의를 기울이다.

포장의 화인표시

All packings are to be marked[1], ABC in square with serial case numbers and origin of country as per shipping instructions[2].

해설

1) mark : 확인 표시하다.
2) as per shipping instructions : 선적지시서에 따라

복합운송인의 책임

The aggregate liability[1] of the multimodal transport operator[2] shall not exceed the limits of liability for total loss[3] of the goods.

해설

1) aggregate liability : 책임 총액
2) multimodal transport operator : 복합운송인
3) total loss : 전손(全損)

국제복합운송의 정의

"International multimodal transport" means the carriage of goods by at least two different modes of transport[1] on the basis of a multimodal transport contract from a place in one country in which the goods are taken in charge of[2] the multimodal transport operator to a place designated for delivery situated in a different country.

해설

1) modes of transport : 운송수단
2) take in charge of ~ : ~을 운송하기 위해 수취하다.

용선자의 의무이행

The charterer[1] agrees to provide a full cargo.

해설

1) charterer : 용선자, 선박을 용선하여 빌린 자를 말한다.

생동물의 선적

All shipment of live animals must be accompanied by a quarantine certificate[1] issued by relevant authorities[2].

해설

1) quarantine certificate : 검역증명서
2) relevant authorities : 관련 당국

선적불가 통지

We are very sorry to advise you that it becomes impossible to ship the goods covering your Order No. 123 within stipulated period owing to manufacturers' strike[1].

해설

1) owing to manufacturers' strike : 제조업자들의 파업 때문에

분실물품의 인도조치

The missing case[1] has just been located[2] and will be forwarded[3] to port said by the subsequent steamer ship[4].

해설

1) missing case : 분실한 물품 상자
2) locate : 위치를 확인하다.
3) forward : 보내다. 송부하다.
4) the subsequent steamer ship : 다음 번에 출항하는 선박

관세규정

Customs duty[1] is a form of direct taxation[2], imposed on certain classes of imported goods. The duties are specific, ad valorem or combined duty[3].

해설

1) customs duty : 관세
2) direct taxation : 직접세
3) specific, ad valorem or combined duty : 종량세, 종가세 또는 혼합세

2) Model Correspondence

Model 1 » 선적조건의 조회

Dear Sirs,

Early next month we shall have a consignment of motor-car spares for delivery from our address to a company in Aberdeen. These spares will be packed in two wooden cases, each measuring 1 x 1 x 0.75 m^3 and weighing about 80kg.

Please let us know by return :

1. Your charge for collecting and delivering[1] these cases.
2. If you can collect them on the 3rd of next month.
3. When delivery would be made to the consignee.

An early reply would be appreciated.

Yours faithfully,

해설

1) collecting and delivering : 집화 운송하여 인도하는데

Model 2 » 선적조건의 조회에 대한 회신

Gentlemen :

The S.S. Princess Victoria will be loading at number 2 dock from 8 to 13 July inclusive[1]. Following her[2] is the M.S. Merchant Prince, loading at number 5 dock from 20 to 24 July inclusive.

The voyage to Alexandria normally takes 14 days. The freight rate for crockery packed in wooden cases is US$ 97.00 per ton.

We shall be glad to book[3] your four cases for either of these vessels[4] and enclose our shipping request form[5]. Please complete it and return it as soon as possible.

Yours faithfully,

해설

1) from 8 to 13 July inclusive : 7월 8일부터 13일까지
2) following her : 그 다음에 선적할 수 있는 유용한 선박
3) book : 선복을 예약하다.
4) either of these vessels : 이들 선박 중 하나
5) shipping request form : 선적요청서 양식

Model 3 》 선적통지 및 운임청구

Dear Sirs,

We are pleased to inform you that all goods ordered have now been shipped by S.S. Merchant Prince, which sailed from Liverpool yesterday and is due to arrive in Alexandria on August 10.

The consignment will be handled on arrival[1] by Messrs Behren & Co., who will make all the arrangements for its delivery to you. The bill of lading and invoice, together with our account for commission and charges[2] are enclosed. The suppliers have been informed that you will settle their account[3] direct.

We hope to hear from you soon that the goods have arrived safely.

Yours faithfully,

해설

1) be handled on arrival : 도착지에서 (물품을) 취급하다.
2) our account for commission and charges : 수수료 및 운임청구를 위한 당사의 계정
3) settle ~ account : ~의 비용청구를 결제하다.

Model 4 》 물품도착통지와 물품수령 요청

Dear Sirs,

We have to inform you that 20 packages of cargo consigned[1] to you have arrived per S.S. "Hawaii," and request you will kindly take delivery of the goods without delay.

Should you fail to[2] take delivery of the goods within two days from this date we should accept no claims for damage to and/or shortage of the cargo[3], which please note.

Yours faithfully,

해설

1) consign : (물품을) 송부하다. 보내다.
2) should you fail to ~ : ~을 하지 못한다면(=if you should fail to ~)
3) shortage of the cargo : 화물의 부족

Model 5 » Letter of Guarantee 제공 의뢰

Gentlemen :

If you have not yet received the Bill of Lading representing the goods ex[1] Hanjin Sipping Co., please give us the Letter of Guarantee[2], a form of which is enclosed herewith ; then the shipping company will deliver the above goods to us.

The Letter of Guarantee above referred to should be countersigned[3] by the banker, to whom the Bill of Lading is expected to come subsequently[4].

Yours truly,

해설

1) ex ~ : ~로부터
2) Letter of Guarantee : 화물선취보증장, 선화증권을 대신하여 화물을 미리 인도 받을 수 있는 서류이다.
3) countersign : 확인·서명하다.
4) subsequently : 후에

Model 6 » 선적서류의 제공

Gentlemen :

Your Order No. 333 has now been shipped by M/S Sunlight of the Hankuk Line, sailing on July 3 from Busan to London.

We are waiting for B/L from the shipping company and it will be airmailed to you with the commercial invoice and insurance certificate[1] in accordance with our usual procedure[2].

Yours truly,

해설

1) insurance certificate : 보험증명서, 보험증권을 대신하여 보험부보를 입증하는 서류이다.
2) with our usual procedure : 당사의 통상적인 절차를 통하여

핵심문제

* 다음 문항의 정답을 고르시오.

1. "ETA"의 뜻과 반대되는 것을 고르시오.

① E/D ② ETD ③ ETS ④ EXW

해설

- ETA : 도착예정시간(=Estimated Time of Arrival)
- E/D : 유효기일(=Expiry Date)
- ETD : 출항예정시간(=Estimated Time of Departure)
- EXW : 공장인도조건(=Ex Works)

2. Shipment와 관련된 절차의 순서가 올바른 것은? 〈국제무역사 6회〉

① Mate's Receipt → Shipping Order → Shipping Request → Bill of Lading
② Shipping Order → Shipping Request → Mate's Receipt → Bill of Lading
③ Shipping Order → Mate's Receipt → Shipping Request → Bill of Lading
④ Shipping Request → Shipping Order → Mate's Receipt → Bill of Lading

3. 다음 문장의 내용과 의미와 같은 것은? 〈59회, 1급〉

Amount of money paid to the shipowner by the charterer, shipper or receiver, as the case may be, for failing to complete loading and/or discharging within the time allowed in voyage charter party.

① despatch money ② demurrage
③ charterage ④ detention charge

해설

- charterer : 용선자
- voyage charter party : 항해용선계약서
- charterage : 용선료
- detention charge : (선박의) 체박금

4. 다음이 설명하고 있는 가장 절적한 것을 고르시오. 〈2009-3회, 1급〉

A ship designed to transport cargo from one sea port to another along regular long-distance maritime routes according to schedule.

① ferries ② cruise ship
③ tramp steamers ④ liner

5. What is the document which is to evidence the receipt of goods on behalf of the master of a vessel indicating that the goods have been received in good order and conditions? 〈2009-2회, 1급〉

① Mate's Receipt ② Delivery Order
③ Dock Receipt ④ Forwarder's Cargo Receipt

6. 다음 중 용어의 설명이 옳은 것을 고르시오. 〈2008-1회, 1급〉

① trip charter – charter arranged for a fixed amount of space on one ship for a single voyage
② time charter – charter arranged for an unfixed period
③ voyage charter – charter arranged to carry a cargo on a single voyage between two specified ports or areas
④ voyage charter – charter arranged for a voyage specifying delivery and redelivery ports of areas

해설

· voyage charter : 항해용선(= trip charter)

7. 다음 설명과 관련 있는 것을 고르시오. 〈2001-1회, 1급〉

A type of containers to transport the goods such as fruits, vegetables, frozen fishes and meats which require refrigeration in transit.

① open top container ② tank container
③ reefer container ④ live stock container

8. 다음 문장이 설명하고 있는 것을 고르시오. 〈2001-1회, 1급〉

This Freight is calculated on the ship's space or voyage rather than on the weight or measurement.

① Lump sum Freight ② Dead Freight
③ Special Freight ④ Contract Freight

9. 다음 문장을 읽고 (　　) 안에 필요한 용어와 단어를 고르시오.

"(　　　　)" means the carriage of goods by at least two different modes of transport on the basis of a multimodal transport contract from a place in one country in which the goods are taken in charge of the multimodal transport operator to a place designated for delivery situated in a different country.

① Multimodal transport　② International transport
③ Transport　④ International multimodal transport

해설
· modes of transport : 운송수단　· take in charge of ~ : ~을 운송하기 위해 수취하다.

10. 다음 문장의 괄호 안에 들어갈 적합한 단어나 구로 구성된 것을 고르시오. 〈2005-1회, 1급〉

Where, after the commencement of the risk, the destination of the ship is voluntarily changed from the destination contemplated by the policy, there is said to be (　　　　).

① a change of voyage　② sailing for different destination
③ alteration of port of destination　④ deviation

11. 복합운송의 주요 형태 중 화물자동차로 운송한 화물을 철도역에서 트레일러와 컨테이너를 함께 또는 컨테이너를 트레일러로부터 분리하여 철도에 인계하여 운송하는 방식을 무엇이라 하는가? 〈2015-1회, 1급〉

① Piggy-back System　② Land bridge System
③ Fishy-back System　④ Birdy-back System

해설
· Land bridge System은 북미 서안에서 북미 대륙을 경유하여 동안의 항구를 이용하는 복합운송 루트를 말한다.
· Piggy-back System : 컨테이너를 철도에 실어 운송하는 방식

12. 다음과 같은 경로와 방법으로 수행되는 국제복합운송을 무엇이라 하는가? 〈2015-2회, 1급〉

〈아시아 극동에서 미국의 서해안 항구까지는 선박으로 해상운송하고, 거기에서 철도로 미국 동해안 항만이나 걸프해안 항만까지 운송하는 국제복합운송〉

① American Land Bridge(ALB)　② Canadian Land Bridge(CLB)
③ Mini Land Bridge(MLB)　④ Reversed MLB

13. What is NOT correct about container works? 〈2015-3회, 1급〉

① Container transports are frequently arranged by freight forwarders.

② Containers are not necessarily owned by the carrier but often by companies specializing in containers.

③ If the exporter intends to stuff a full container load(FCL), shipping line may send an empty container to the exporter for loading.

④ If the cargo is less than a full container load(LCL), the exporter will send it to the container yard.

14. 국제복합운송의 여러 형태를 옳게 연결한 것은? 〈2015-3회, 1급〉

a) 해・륙 복합운송에서 해상−육상−해상으로 이어지는 운송구간 중 중간구간인 육상 운송 구간을 의미
b) 화물차량을 철도차량에 적재하고 운행하는 방식
c) 해상운송과 공로운송(트럭운송)을 연계하여 일관시스템으로 운송하는 방식
d) 항공운송과 공로운송을 연계하여 일관시스템으로 운송하는 방식

① a) Piggy Bank System b) Fishy Back System
c) Land Bridge System d) Birdy Back System

② a) Piggy Bank System b) Land Bridge System
c) Birdy Back System d) Fishy Back System

③ a) Land Bridge System b) Birdy Back System
c) Fishy Back System d) Piggy Bank System

④ a) Land Bridge System b) Piggy Bank System
c) Fishy Back System d) Birdy Back System

15. 컨테이너선의 운항형태 중 다른 선사의 선복의 일부를 이용할 수 있도록 하는 방식으로 자사의 선박을 운항하지 않고도 자사가 인수한 화물을 수송하는 방식은? 〈2016-1회, 1급〉

① Consortium ② Strategic Alliance
③ Joint Service ④ Slot Charter

해설

・Consortium : 컨소시엄
・Slot Charter : 어떤 선사가 특정항로의 타인의 화물운송을 위하여 타선사의 컨테이너 선복일부를 대가를 주고 빌리는 것

16. 아래는 운송서류의 한 종류를 설명하고 있다. 이것은 무엇인가? 〈2016-2회, 1급〉

> THIS is a non-negotiable transport document and its great advantage is that its presentation by the consignee is not required in order for him, on production of satisfactory identification, to take delivery of the goods arriving before THIS. It is not a document of title but contains, or is evidence of, the contract of transport between the shipper and the carrier.

① sea waybill ② bill of lading
③ master's receipt ④ delivery order

17. 다음 빈칸에 들어갈 단어로 적절한 것을 고르시오. 〈2018-3회, 1급〉

> Under an L/C transaction, exporters commonly get payments against ( ).

① draft ② importer
③ documents ④ insurer

18. 아래의 복합운송서류에 대한 설명으로 옳지 않는 것을 고르시오. 〈2016-3회, 1급〉

> 가) The multimodal transport B/L is mostly printed on FIATA standard pre-printed B/L forms. (나) The multimodal B/L is used whenever there are at most two different modes of transport, and (다) while the ocean B/L is usually issued when goods have been shipped, (라) the multimodal B/L is issued when the goods are received.

① (가) ② (나) ③ (다) ④ (라)

19. 밑줄 친 가격 조건을 고려하여 운송에 가장 적합한 서류를 고르시오. 〈2017-1회, 1급〉

> Description : Blue jeans (Item No. 123-ABS)
> Quantity : 2,000 PCs
> Price : USD25.00/pc <u>FCA Daejon</u>
> Place of Destination: New York Port

① Multimodal Transport Bill of Lading
② Air Waybill
③ Ocean Bill of Lading
④ Inland Waterway Transport Documents

20. 빈칸에 들어갈 말로 적절한 것을 고르시오, 〈2017-2회, 1급〉

We are pleased to inform you that we have shipped the following goods covering your Order No. 100 for 1,000 doz. of Gloves, by M.V. "HYUNDAI" of ABC Shipping Co. due to leave Seoul on May 4, 2017 for New York. The (　　) will be around October 15, 2019.

① ETD
② ETS
③ ETA
④ EXW

제2절 보 험

1 보험의 의의

매도인이 매수인에게 약정품을 인도하기 위해서는 필연적으로 운송행위가 수반된다. 그런데 이 운송과정에 있어서는 많은 위험이 뒤따르게 마련이며, 따라서 이 위험을 담보하기 위해서는 보험에 부보하여야 한다.

무역계약에 있어서의 보험에는 해상운송 위험을 커버하기 위한 해상적하보험(Marine Cargo Insurance), 항공운송이나 육상운송 혹은 복합운송 위험을 커버하기 위한 항공운송보험, 육상운송보험 및 일관운송보험 등이 있다. 그런데 물품의 운송은 대부분이 해상운송에 의해 이루어지고 있으므로 해상적하보험이 가장 중요한 의미를 지니고 있다. 그러므로 무역계약에 있어서 보험을 전반적으로 이해하기 위해서는 이 해상적하보험의 올바른 이해가 그 무엇보다도 중요하다.

보험계약은 담보위험의 사고발생에 의한 손해에 대하여 피보험자에게 보상으로서 보험금을 지급할 것을 약속하고, 보험계약자는 이에 대하여 보험료를 납부할 것을 약정함으로써 성립한다. 이러한 보험계약의 당사자는 다음과 같다.

- 보험자(Insurer, Assurer, Underwriter) : 보험계약을 인수하여 보험사고 발생에 대하여 보험금의 지급을 약속하는 자이다. 즉, 보험회사, 또는 개인보험업자를 의미한다.
- 보험계약자(Policy Holder, Proposer) : 보험자와 보험계약을 체결하고 보험료의 납부를 약속하는 자이다.
- 피보험자(Insured, Assured) : 피보험이익의 주체로서 보험사고 발생에 대하여 보험금의 지급을 받는 자이다.
- 보험대리인(Insurance Agent) : 특정 보험자를 대리하여 보험계약의 체결을 대행하는 자이다.
- 보험중개인(Insurance Broker) : 영국 등 보험 선진국에서 보험자와 보험계약자 사이에서 보험계약 체결을 중개하는 자이다. 이 보험중개인은 특정 보험자를 대리하지 않는 것이 특징적이다.

그런데 보험계약의 부보조건의 중요한 내용은 보험자, 피보험자, 보험계약자, 보험기간 및 보험금액 등을 결정하는 것이며, 이 부보조건은 정형거래조건에 따라 상이하다. 한편 해상적하보험에 적용되는 부보조건에는 런던보험자협회(The Institute of London Underwriters)가 제정한 구협회적하약관(Old Institute Cargo Clause)과 신협회적하약관(New Institute Cargo Clause)이 있다.

구협회적하약관(Old Institute Cargo Clause)의 기본적인 3가지 약관으로는 ① (Against) All Risk(AAR), ② With Average(WA), ③ Free from Particular Average (FPA)가 있으며, 신협회적하약관(New Institute Cargo Clause)의 기본적인 3가지 약관으로는 ① Institute Cargo Clause (A) : ICC(A), ② Institute Cargo Clause (B) : ICC(B), ③ Institute Cargo Clause (C) : ICC(C) 가 있다.

2 Model Correspondence

1) Useful Expression

▶▶ 보험부보 여부 조회

Will you please say whether you can issue an all risks policy[1)] for these shipments?

해설

1) issue an all risks policy : AR조건으로 보험증권을 발행하다. AR조건으로 보험에 부보하다.

▶▶ 보험요율 견적 의뢰

Please quote your lowest All Risks rates[1)] for shipment of Cameras from Busan to L.A.

해설

1) Please quote your lowest All Risks rates : 귀사의 가장 낮은 AR 보험요율을 견적하여 주십시오.

보험부보 조건 제시

All shipments shall be covered[1] on All Risks including War Risks and SRCC for the invoice amount[2] plus 10 %.

해설

1) be covered : 보험에 부보하다.
2) invoice amount : 송장금액

포괄예정보험의 부보

Please effect[1] open cover[2], against FPA on the goods for US$9,500.

해설

1) effect : 보험에 부보하다.
2) open cover : 포괄예정보험, 일정기간 계속하여 수출입하는 경우 일정기간 동안의 예정분을 일괄하여 보험에 부보하는 방식이며, 이를 입증하는 서류를 포괄예정보험증권(Open Policy)이라고 한다.

보험부보 의뢰

Will you please arrange to take out a WA 3% insurance[1] for us on the following goods of Cement from Busan to Tokyo?

해설

1) arrange to take out a WA 3% insurance : WA 3% 조건으로 부보하다.

선박보험 부보 의뢰

Insurance will be effected at this month end. Please furnish the name of your vessel and the date of sailing[1].

해설

1) the date of sailing : 출항일

보험부보 통지

We have effected insurance on the cargo against pilferage[1].

해설

1) pilferage : 拔貨위험

보험 갱신

We wish you to renew the insurance[1] on the hull[2] for 12 months.

해설

1) to renew the insurance : 보험을 갱신하다.
2) the hull : 선체

보험증권 제공 의뢰

You would please send us the insurance policy[1], together with the statement of premium[2].

해설

1) insurance policy : 보험증권
2) the statement of premium : 보험료 청구서

현실전손과 위부에 대한 규정

In the case of a constructive total loss[1], notice of abandonment[2] need be given according to Marine Insurance Act, 1906[3]

해설

1) constructive total loss : 추정전손, 실제로 전손은 아니지만 현실전손(actual total loss)으로 처리하는 것이 불가피한 경우의 손실을 말한다. 이에 비하여 현실전손은 보험의 목적물이 실제적으로 완전히 손실된 경우이다.
2) abandonment : 위부, 추정전손이 발생한 경우 피보험자는 그 피보험목적물에 대한 일체의 권리를 보험자에게 이전하고 보험금의 전부를 청구하여 보상받는 것을 말한다.
3) Marine Insurance Act, 1906 : 영국해상보험법, 1906

대위에 대한 규정

The purpose of subrogation[1] is to prevent the assured from recovering more than once for the same loss.

해설

1) subrogation : 대위, 전손 또는 분손이 발생한 경우 보험자는 보험금을 지급하면 피보험목적물에 대한 일체의 권리를 가지는 것을 의미한다.

피보험자의 피보험이익

The assured must be interested in the subject-matter insured[1] at the time of the loss though he need not be interested when the insurance is effected.

해설

1) be interested in the subject-matter insured : 보험목적물에 대해 피보험이익을 가지고 있다.

보험자의 의무

The insurer is not liable for any loss attributable to[1] the wilful misconduct of the assured[2].

해설

1) attributable to ~ : ~에 기인한
2) wilful misconduct of the assured : 피보험자의 고의의 불법행위

보험자의 의무

Where a ship, without lawful excuse[1], deviates[2] from the voyage contemplated by the policy, the insurer is discharged[3] from liability as from the time of deviation.

해설

1) without lawful excuse : 합법적인 이유없이
2) deviate : 이로(離路), (선박이) 정해진 항로를 이탈하다.
3) discharge : 면책되다.

공동해손(General Average)

General Average signifies that the owners of the ship and cargo are generally liable to make a pro rata[1] contribution to[2] any losses sustained or expenses incurred where any property or part of the ship has been sacrificed for the common welfare and safety of the ship and cargo in general.

해설

1) pro rata : 비례하여
2) make a contribution to ~ : ~에 대해 부담하다.

보험담보의 기간

This insurance attaches[1] from the time the goods leave the warehouse[2] or place of storage at the place named herein for the commencement of the transit, continues during the ordinary course of transit[3].

해설

1) attach : (보험이) 개시하다.
2) from the time the goods leave the warehouse : 물품이 창고를 출발한 시점부터
3) during the ordinary course of transit : 통상의 운송과정 동안

2) Model Correspondence

Model 1 » 보험요율 조회

Gentlemen :

Please quote your rate[1] for an all risks of open policy[2] for US$ 10,000 to cover shipments of general merchandise by Hanjin Shipping Co. from Busan to Atlantic ports in the United States.

As shipments are due to begin[3] on May 30, please let us have your quotation by return.

Yours truly,

해설

1) quote one's rate : 보험요율을 견적하다.
2) open policy : 포괄예정보험증권
3) be due to begin : 시작할 예정이다.

Model 2 》 보험요율 조회에 대한 회신

> Gentlemen :
>
> I am replying to your inquiry of May 3. Our rate for a US$ 10,000 on A/R of open policy of general merchandise by Hanjin Shipping Co. from Busan to Atlantic ports in the United States is US$ 2.10% of declared value[1].
>
> This is a exceptionally low rate[2] and we trust you will give us the opportunity to handle your insurance business.
>
> Yours truly,

해설

1) declared value : 기재된 금액
2) a exceptionally low rate : 극히 낮은 요율

Model 3 》 보험요율에 대한 동의 및 보험부보 의뢰

> Gentlemen :
>
> Thank you for your correspondence of May 10 quoting your rate for an open policy of US$ 10,000 covering consignments on the routes named.
>
> The rate of US$ 2.10% is satisfactory and we shall be glad if you will now prepare and send us the policy and meanwhile let us have your cover note[1] and statement of charges[2] for the following, our first, shipment under the policy.
>
> 3 c/s General Marchandise (Texiles), marked G Value US$ 2,500.
>
> Yours truly,

해설

1) cover note : 보험승낙서
2) statement of charges : (보험료 등) 비용 청구서

Model 4 » 보험부보 통지

Gentlemen :

As instructed by your correspondence of the 20th of July, we have covered US$2,000 on the shipments of 10 cases Cotton Yarn from Busan to L.A., on FPA including war risks.

Enclosed please find the policy and we shall be obliged by your remitting[1] us the amount of the annexed account[2], $20.00, at an early date.

Yours truly,

해설

1) remit : 송금하다.
2) the amount of the annexed account : 추가된 비용 금액

Model 5 » 손해발생 조사 보고서 통지

Gentlemen :

When the S.S. Rola arrived at Busan port on March 10, it was noticed that one side of case[1] number 12 containing the radio receivers was split[2]. We therefore had the case opened and the contents examined by a local insurance surveyor[3] in the presence of the shipping company's agents[4]. The case was invoiced as containing 24 radio receivers, eight of which were badly damaged.

We enclose the surveyor's report[5] and the shipping agents' statement[6].

Yours truly,

해설

1) one side of case : 포장상자의 한쪽 면이
2) split : 파손된
3) insurance surveyor : 보험손해조사인
4) in the presence of the shipping company's agents : 선박회사 대리인의 참석 하에
5) the surveyor's report : 그 손해조사인의 조사보고서
6) the shipping agents' statement : 그 선박회사 대리인의 진술서

Model 6 선명미상 보험증권 발행 및 부보조건

Gentlemen :

As to our rate for a Floating Policy[1)] US$ 60,000 on A.A.R. of general merchandise, in carton boxes only, per American Liners from Busan or Incheon to any ports in the eastern coast[2)] of the United States, we can quote you US$ 2.50 per thousand.

Yours truly,

해설

1) Floating Policy : 선명미상 보험증권, 포괄적 문언으로 보험계약을 체결하고, 선명 기타명세는 추후에 확정 통지하는 것에 의해 모든 내용을 확정하는 형태의 보험증권을 말한다.
2) the eastern coast : 동부해안

핵심문제

* 다음 문항의 정답을 고르시오.

1. 다음 중 Franchise와 관계 있는 것은? 〈2002-1회, 1급〉

① WA 3% ② WAIOP ③ A/R ④ FPA

2. 다음 설명과 관련이 있는 것을 고르시오.

To throw goods tackle overboard to lighten a ship in distress.

① theft ② jettison ③ pilferage ④ waiver

해설

· overboard : 물속으로 · lighten a ship : 선박을 가볍게 하다. · in distress : 조난된
· jettison : 투하 · waiver : 국적선 불취항 증명서

3. 다음 설명과 관련이 있는 것을 고르시오.

This is an expert in loss settlement in marine insurance, particularly with regard to hulls and hull interest as well as general average.

① average adjuster ② broker
③ general average adjuster ④ the insurer

해설

· average adjuster : 해손사정인 · in loss settlement : 손해 정산해결에 있어서
· with regard to hulls and hull interest : 선체, 그리고 선체이익과 관련하여

4. Which of the following term expresses best the sentence in the box? 〈2009-2회, 1급〉

The substitution of one party for another whose debt the party pays, entitling the paying party to rights, remedies or securities that would otherwise belong to the debtor.

① Salvage charge ② Stevedorage
③ Subsidy ④ Subrogation

해설
· debt : 채무 · salvage charge : 해난구조료
· stevedorage : 부두노동자 · subrogation : 대위

5. 다음 지문의 내용과 가장 관련이 있는 것을 고르시오. 〈2006-2회, 1급〉

A policy under which the general conditions of insurance are laid down, but the particulars of the individual consignments intended to be covered are not laid down.

① Valued Policy ② Unvalued Policy
③ Floating Policy ④ Insurance Certificate

6. 다음 문장의 (　　) 안에 알맞는 것을 고르시오. 〈60회 1급〉

When the subject-matter insured becomes constructive total loss the assured must tender reasonable notice of (　　　　) to the insurer.

① subrogation ② abandonment
③ disclosure ④ representation

해설
· subrogation : 대위, 현실전손 또는 분손이 발생한 경우 보험자는 보험금을 지급하면 피보험목적물에 대한 일체의 권리를 가지는 것을 의미한다.
· disclosure : 고지

7. 다음 문장의 (　　) 안에 알맞는 것을 고르시오. 〈53회 1급〉

The seller must obtain at his own expense cargo insurance as agreed in the contract, that the buyer or any other person having (　　　) in the goods, shall been titled to claim directly from the insurer.

① an insurable interest ② an insured amount
③ an insured ④ an insurance money

해설
· insurable interest : 피보험이익

8. 다음 문장의 괄호 안에 들어갈 적합한 단어나 구로 구성된 것을 고르시오. 〈2004-1회, 1급〉

> Where there is a constructive total loss the assured may either treat the loss as a (　　　), or abandon the subject-matter insured to the insurer and treat the loss as if it were (　　　　　).

① total loss – an actual total loss　② partial loss – a total loss
③ partial loss – an actual total loss　④ total loss – a general average

9. 다음 문장의 괄호 안에 들어갈 적합한 단어나 구를 고르시오. 〈2002-1회, 1급〉

> (　　　　) in duplicate, endorsed in blank for 110% of the invoice value, stipulating that claims are payable in Hong Kong.

① bill of lading　② covering note
③ insurance policy　④ commercial invoice

10. 다음 영문을 우리 말로 옮길 때 가장 적합하게 해석된 것을 고르시오. 〈2008-1회, 1급〉

> Expenses incurred for the purpose of averting or diminishing any loss not covered by the policy are not recoverable under the suing and labouring clause.

① 보험증권으로 담보되지 아니한 손해를 방지하거나 경감할 목적으로 지출된 비용은 손해방지약관에 의하여 회수할 수 없다.
② 경찰이 책임지지 않는 손해를 방지하거나 경감하기 위해 발생한 비용은 소송약관에 의하여 회수할 수 없다.
③ 보험증권으로 담보되지 아니한 손해를 방지하거나 경감할 목적으로 지출된 비용은 소송약관에 의하여 회수할 수 없다.
④ 경찰이 책임지지 않는 손해를 방지하거나 경감하기 위해 발생한 비용은 손해방지약관에 의하여 회수할 수 없다.

해설
· avert : 방지하다.　· the suing and labouring clause : 손해방지약관

11. Which of the following is correct according to the letter? 〈2015-1회, 1급〉

> Pursuant to your instructions date June 3, we have insured your shipment of 800 cases of Tinned Provisions, marked ABC, shipped at Incheon on board M/S "Hangeul" sailing for San Francisco on June 8, as per the Policy enclosed. We hand you herewith our account for $100, which amount please pass to our account.

① This is written as a reply to a letter requesting insurance.
② The order of 800 boxes of canned products has been postponed due to the insurance.
③ ABC Company is in charge of the vessel departed from Incheon to San Francisco.
④ The writer of this reply will lastly pay $100 for the insurance service.

해설
· pursuant to : ~에 따라서 · Tinned Provisions : 통조림 류
· in charge of : 관리하는 · lastly : 마지막으로, 끝으로

12. What is suitable for the blank? 〈2015-2회, 1급〉

General average is an internationally accepted (　　　) dating back to ancient times. Essentially, if one or more interests involved in a maritime adventure voluntarily sacrifices all or part of their goods to save all interests from an impending peril or loss, the interests saves will reimburse the interest suffering the loss so that each shares the loss equally.

① claim principle ② source of benefit
③ commercial terms ④ principle of equity

해설
· principle of equity : 공평성의 원칙 · essentially : 근본적으로, 기본적으로
· impending : 임박한

13. What is the purpose of the letter below? 〈2016-1회, 1급〉

We will be sending a consignment of 500 leisure chairs to Incheon, South Korea. The goods will be loaded on the MV Mumbai, ex-Chennai October 1 due Incheon October 15. Please quote us your lowest rate of marine cargo insurance, ICC(B), including S.R.C.C. and T.P.N.D. on the shipment of above articles, valued at CIF Incheon US$14,190 by the referred vessel. A copy of commercial invoice and packing details are attached. Your prompt reply would be greatly appreciated.

① To claim under an open cover policy
② To request a marine insurance quotation
③ To provide information about the shipment
④ To quote a rate for open cover

해설

・해상보험의 견적을 요청하기 위하여 작성된 서신이다.

14. Which of the following insurance documents are acceptable under the following case? 〈2016-1회, 1급〉

> A documentary credit for US$100,000 calls for a full set of bills of lading and an insurance certificate to cover all risks. The bill of lading presented indicates an on board date of 15 December.
>
> A Insurance Policy for US$120,000.
> B Insurance Certificate just dated 17 December.
> C Insurance Declaration signed by a broker.
> D Insurance Cover Note dated 15 December.

① A only ② B only
③ A and C ④ all of the above

해설

・call for : ~을 요구하다, 필요로 하다

15. Below explains some characteristics of insurance. Make a suitable pair for A and B. 〈2016-1회, 1급〉

> Some policies include either an (A) or (B) clause. (A) represents a predetermined amount that is deducted from a claim and is used to discourage irresponsible, malicious and small claims. (B) means a percentage of the value of a loss, below which no payment is made but above which total compensation is paid.

① Excess – Franchise ② Franchise – Excess
③ Minimum – Maximum ④ Maximum – Minimum

해설

・predetermined : 미리 결정된, 예정된 ・discourage : (무엇을 어렵게 만들거나 반대하여) 막다
・irresponsible : 무책임한, 비양심적인 ・malicious : 악의적인, 비도덕적인
・compensation : 보상(금)

16. What type of insurance arrangement can be made if the L/C does not specify any insurance requirement? 〈2016-2회, 1급〉

We are glad to inform you that your offer is satisfactory, and are placing orders. In the meantime we have instructed our bank, Seoul Bank to issue a letter of credit for USD100,000 in your favour. This should cover CIF shipment and the credit is valid until 10 June 2016.

① Open Insurance Policy for USD100,000
② ICC(B) Insurance policy for USD100,000
③ ICC(A) Insurance policy for USD110,000
④ ICC(C) Insurance policy for USD110,000

해설

· 신용장에서는 CIF조건으로 보험계약을 체결할 것을 요구하고 있다. CIF조건의 경우 매도인은 ICC(C) 또는 ICC(FPA)약관에 적어도(at least) 보험가액(송장 금액)의 110%로 부보하면 되므로 ④의 보기로 보험계약을 체결하면 된다.

17. A credit requires presentation of an Insurance Certificate. Which of the following insurance documents would be acceptable for a CIF shipment where the invoice value is USD100,000? 〈2016-2회, 1급〉

A. Insurance certificate for USD110,000 B. Insurance policy for USD120,000 C. Insurance declaration under open cover for USD100,000 D. Insurance certificate for USD100,000

① A only ② A+B only
③ A+B+C only ④ A+B+C+D

해설

· CIF(CIP)조건의 경우 매도인은 송장 금액의 최소(at least) 110% 금액으로 보험계약을 체결하면 되므로 보험가액의 110% 이상으로 체결되는 보험증권은 모두 수리된다. 따라서 최소부보금액의110%인 11만 달러와 120%인 120만 달러 모두 수리된다.

18. Below is explanation of subrogation under insurance. Which is WRONG? 〈2016-3회, 1급〉

Subrogation is a term denoting a legal right that is reserved by most insurance carriers. This is the right for an *(가) insured* to pursue a *(나) third party* that caused an insurance loss to the *(다) insured*. This is done as a means of recovering the amount of the claim paid to the *(라) insured* for the loss.

① (가) ② (나) ③ (다) ④ (라)

해설

- 대위(subrogation)중에서 제3자 대위에 대한 정의이다. 제3자(특히 선사)에 의해 보험목적물에 손해가 발생한 경우 보험자는 피보험자에게 먼저 보험금을 지급하고 피보험자로부터 제3자에 대한 대위권을 이전 받는다. 이에 따라 보험자는 선사에게 구상권을 행사하여 피보험자에게 지급한 보험금을 회수하게 된다.
- denote : 의미하다, 나타내다 · pursue : 추구하다 · as a means : ~에 대한 수단으로서

19. Which of the following is the LEAST appropriate Korean translation? 〈2016-3회, 1급〉

> (가) Thank you for your letter of 15 April quoting rates for insurance cover for stock stored in our warehouse at the above address. (나) The value of the stock held varies with the season but does not normally exceed USD100,000 at any time. (다) Please arrange cover in this sum for all the risks mentioned in your letter and on the terms quoted, namely 0.5% per annum. (라) Cover should take effect from 1 May.

① (가) 4월 15일자 서한에서 위 주소 소재 저희 창고에 보관된 재고의 보험요율을 견적해 주셔서 감사합니다.
② (나) 재고의 가치는 계절마다 차이가 나지만 통상적으로 어느 때라도 100,000달러를 넘지는 않습니다.
③ (다) 귀하의 서한에서 언급된 모든 위험과 견적된 기간에 대해 연간 0.5% 조건으로 담보하여 주십시오.
④ (라) 이 보험은 5월 1일부터 발효돼야 합니다.

해설

- per annum : 1년에 · effect from : ~부터 (효력이)발효되다

20. Below is about marine insurance. Fill in the blank with right word(s). 〈2018-1회, 1급〉

> While cargo is usually insured against the perils of the sea, which are defined as natural accidents peculiar to the sea, most ship owners carry hull insurance on their ships and protect themselves against claims by third parties by purchasing (   ) insurance.

① protection and indemnity ② vessel
③ Institute Cargo Clauses ④ open policy

제 8 장 대금결제와 분쟁해결

제1절 대금결제

1 대금결제의 의의

무역계약에 있어서 매도인이 매수인에게 물품을 인도하면 매수인은 그 대가로서 대금을 결제를 하여야 한다. 이러한 무역계약 대금결제의 방식으로는 신용장(L/C) 결제방식, 추심(Collection) 결제방식, 송금(Remittance) 결제방식, 국제팩토링(Factoring) 결제방식, 포페이팅(Forfeiting) 결제방식 및 국제금융리스(Leasing) 결제방식 등이 있다.

그런데 무역계약에 있어서 매도인은 선적지에서 물품을 인도하고 즉시 대금을 결제 받고자 할 것이며, 매수인은 물품을 목적지에서 인도 받은 후 대금을 지급하려고 할 것이다. 이러한 매도인과 매수인의 상반된 이해관계를 조화시킬 수 있는 방식으로서 발달한 제도가 화환결제방식이며, 그 대표적인 형태가 신용장 결제방식과 추심 결제방식이다.

2 Model Correspondence

1) Useful Expression

▶▶ 결제조건

Payment is to be made by a bill of exchange[1)] drawn on us at 90 d/s under a irrevocable L/C.

해설

1) bill of exchange : 환어음

신용장 개설 촉구

Please open an irrevocable L/C[1] by cable[2] for the amount of US$10,000 in favor of Korean Trading Co., Inc.

해설

1) open an irrevocable L/C : 취소불능신용장을 개설하다.
2) by cable : 전신으로

신용장 개설 통지

We advise[1] you that the said bank has opened a confirmed credit[2].

해설

1) advise : 신용장 개설을 통지하다.
2) a confirmed credit : 확인신용장

신용장의 유효기일

This L/C expires[1] on July 10, 2009.

해설

1) expire : 유효기일이 만기되다.

신용장조건의 수정

We hasten to request[1] you to amend the L/C[2] No. 1234 as follows.

해설

1) hasten to request : 서둘러 요청하다.
2) amend the L/C : 신용장조건을 수정하다.

신용장 유효기일의 연장

As requested, we have agreed with our bankers to extend the expiry date[1] of our L/C No. 1234 for a month up to September 30.

해설

1) extend the expiry date : 신용장 유효기일을 연장하다.

신용장금액의 증액

The credit is increased[1] in amount by US$ 50,000.

해설

1) the credit is increased : 신용장금액이 증액되다.

지급보증 확약

We agree with the drawers, endorsers and bona fide holders of the draft[1] that it will be duly honored[2] on presentation.

해설

1) bona fide holders of the draft : 환어음의 선의의 소지인
2) honor : 결제하다.

D/P 결제조건

D/P is similar to cash against documents[1] under the terms, the bill can be drawn payable at sight.

해설

1) cash against documents : 서류인도방식(CAD), 수입업자는 수출업자의 선적서류를 받아 보고, 그 선적서류와 상환으로 대금을 지급하는 방식이다.

D/A와 CAD

Under the D/A, the documents are handed over[1] to the consignee from the bank upon his acceptance[2] of the bill whereas under CAD the documents are handed over to the buyer when he pays[3] his bill.

해설

1) hand over : (서류를) 인도하다.
2) acceptance : 인수, 기한부 환어음에서의 인수를 의미한다.
3) pay : 지급하다. 일람불 환어음에서의 지급을 의미한다.

환어음의 발행

As usual, we have drawn upon[1] you for the amount at 30 d/s through the Bank of Korea.

해설

1) draw upon : 환어음을 발행하다(=value on).

환어음의 결제 요청

We have to demand payment[1] by draft at sight under an irrevocable L/C.

해설

1) demand payment : 결제를 요청하다.

환어음의 결제 요청

As we have now done business with you for a year on the basis of L/C, we would like to ask you to grant us Open Account terms[1], with quarterly settlement[2].

해설

1) Open Account terms : 청산계정조건(=account current)으로
2) quarterly settlement : 연 4회 분할결제조건

대금결제 지급기간의 경과 통지

We have to remind you that the payment of your order[1] for the amount of US $10,000 is now five weeks overdue[2].

해설

1) the payment of your order : 주문품의 결제
2) be now five weeks overdue : 현재 지급기간이 5주 지난

대금결제 요청

We hope that you will clear off[1] your account as soon as you receive this correspondence so that we can continue our friendly business relations as usual.

해설

1) clear off : 결제하다.

결제금액의 송금 확인

Thank you for your prompt remittance of the balance to our account[1] with the HTH Bank, Seoul.

해설

1) remittance of the balance to our account : 당사 계좌로 잔액 결제금액의 송금

송금 영수증 송부 요청

We shall be obliged if you will send us a receipt of remittance by return of post[1].

해설

1) by return of post : 우편 회신편으로

2) Model Correspondence

Model 1 » 무역결제 수단

Dear Sirs,

In international trade, an exporter's concern is to get paid for[1] the goods supplied, while an importer's concern is to get the goods[2] that he has ordered. With trading on Open Account basis[3], the seller A sends the goods before payment. He runs the risk of not getting paid[4]. With trading on Advance Payment basis[5], the buyer B pays for the goods before he gets them. He runs the risk of not receiving the goods as ordered from the exporter. Exporters and importers can reduce their risks by settling trade debts[6] by means of Documentary Credits[7].

Yours faithfully,

해설

1) to get paid for ~ : ~의 대금결제를 받다.
2) to get the goods : 물품을 인도 받다.
3) on Open Account basis : 청산계정조건으로
4) the risk of not getting paid : 결제를 받지 못할 위험
5) on Advance Payment basis : 선급조건으로
6) by settling trade debts : 거래 채무를 결제하는 것에 의해
7) by means of Documentary Credits : 화환신용장을 이용하여

Model 2 » 결제조건 선택 요망

Gentlemen :

Thank you for correspondence of April 4, but you didn't say whether you wish this transaction to be for cash or on credit[1).]

When we wrote to you on March 20 we explained our willingness to offer easy credit terms to customers who do not wish to pay cash, and also that we allow generous discounts to cash customers[2)].

We hope that when placing orders, customers should state whether cash or credit terms are required.

Please be good enough to state which you prefer so that we can arrange your account accordingly.

Yours very truly,

해설

1) for cash or on credit : 현금거래 결제조건 혹은 신용외상거래 결제조건으로
2) generous discounts to cash customers : 현금거래 고객에 대한 일반적인 가격할인

Model 3 » 신용장 개설 요청

Dear Sirs,

We are pleased to confirm your order[1)] for 100 units of typewriters amounting to[2)] US$ 10,000. As you requested we are preparing to make shipment[3)] by the end of October and would request you to open an irrevocable L/C[4)] in our favor as soon as possible, valid until November 10[5)].

Immediately upon receipt of your L/C[6)] we will ship your order.

Yours faithfully,

해설

1) to confirm your order : 귀사의 주문을 확인하다.
2) amounting to ~ : 총금액이 ~에 이르는
3) to make shipment : 선적하다.
4) to open an irrevocable L/C : 취소불능신용장을 개설하다.
5) valid until November 10 : (신용장의) 유효기한이 11월 10일까지인
6) immediately upon receipt of your L/C : 신용장을 받자마자 즉시

Model 4 » 신용장 접수 확인

Dear Sirs,

We thank you very much for your L/C and shipping instructions[1] covering your Order No. 123. The goods which you have ordered are being prepared for shipment. As soon as the shipment has been executed, it will be advised to you by EDI/Internet and letter will follow with the shipment documents[2]. Please be assured that we will offer our most careful attention to the execution of your order.

Yours faithfully,

해설

1) shipping instructions : 선적지시서, 매수인이 매도인에게 선적과 관련한 내용을 지시하는 서류이다.
2) shipment documents : 선적서류

Model 5 » 신용장조건 변경 통지

Dear Sirs,

We would like to explain the matter of L/C amendment.

According to the L/C[1] we received, the payment was to be made at 90 d/s. But we want it to be made at sight. This was agreed on by you and expressly mentioned in your order sheet[2].

Therefore, please amend[3] it as stated in it. The goods will be shipped by September 9, this month. We should be obliged for your immediate amendment of the L/C as requested by us.

Yours faithfully,

해설

1) according to the L/C : 신용장에 따르면
2) order sheet : 주문서
3) amend : (신용장조건을) 변경하다.

Model 6 》 대금결제 요청

Gentlemen :

We have the pleasure of enclosing our Account Current[1] up to June 30, closing with a balance of US$8,000 in our favour[2].

Kindly examine it and, if found correct, carry the balance forward[3] to new a/c. We solicit your kind support and cooperation to promote business to our mutual advantage.

Yours very truly,

해설

1) Account Current : 청산계정(A/C)
2) closing with a balance of US$8,000 in our favour : 당사가 받을 잔액이 US$8,000로 마감하여
3) carry the balance forward : 잔액을 송금하다.

Model 7 》 대금결제 기간 연장 요청

Gentlemen :

We have received your correspondence of July 7 reminding us that payment of the amount owing[1] on your June statement[2] is overdue[3].

We were under the impression that[4] payment was not due until the end of August, when we would have had no difficulty in settling your account[5]. However, it seems that we misunderstood your terms of payment[6].

In the circumstance we should be grateful if you could allow us to defer payment[7] for a further 3 weeks. Our present difficulty is purely temporary. Before the end of the month payments are due us from a number of our regular customers who are notably prompt payers.

We very much regret having to make this request, but hope you will be able to grant it.

Yours very truly,

해설

1) owing : 결제하여야 할
2) June statement : 6월달 대금청구서
3) overdue : 지급만기가 지난, 미결제 상태인
4) be under the impression that ~ : ~라고 생각하고 있다.
5) in settling your account : 귀 계정을 결제하는데 있어서
6) terms of payment : 결제조건
7) to defer payment : 결제기한을 연장하다.

핵심문제

* 다음 문항의 정답을 고르시오.

1. 다음 문장은 국제무역대금의 결제방식들을 서술한 것인데 송금결제 방식 중 수입상에게 가장 유리한 결제방식은? 〈2001-1회, 1급〉

> There are 3 payment types ie, Remittance basis, Documentary Collection basis and Letter of Credit basis in international trade. Payments under remittance basis are made direct between Seller and Buyer whereas those under Documentary Collection basis are made against presentation of documentary bills. Please select a payment under Documentary Collection basis.

① CAD ② COD ③ Open Account ④ D/P

2. Which documentary credit the following sentence refers to? 〈2009-1회, 1급〉

> Documentary credits which, in addition to the other documents, require presentation of a time draft drawn on the nominated bank.

① deferred payment ② acceptance
③ sight payment ④ negotiation

3. 다음 문장의 ( ) 안에 가장 적절한 어구 및 단어를 고르시오.

> Under the ( ), the buyer may take delivery of the goods by accepting the documents and pay later a fixed period, say 30 days or 60 days after the date of the bill of lading or after the date of surrender of documents to the bank.

① documentary draft ② sight draft
③ deferred payment ④ usance draft

해설
· usance draft : 기한부환어음 · by accepting the documents : 선적서류를 인수하는 것에 의해
· surrender : (선적서류를 은행에) 제시하다(= present).

4. 다음 문장을 완성하는데 ( ) 안에 가장 적절한 어구 및 단어를 고르시오. 〈57회, 1급〉

> We have to remind you that our statement which fell due on August 31 still remain ( ).

① overdue ② open account ③ clear ④ outstanding

해설
· fall due : 지불만기가 되다. · overdue : 지불기일이 넘은
· outstanding : 미해결된 상태, 미지불된 상태

5. 다음 문장을 완성하는데 ( ) 안에 가장 적절한 어구 및 단어를 고르시오.

> We would prefer the type of payment in which the customer normally pays for the goods before he receives them. We would prefer a ( ) arrangement.

① payment in advance ② deferred payment
③ open account ④ sight draft

6. Choose the answer that best fills in the blanks(A&B). 〈2009-1회, 1급〉

> Under the banker's documentary credit, the bank provides finance to the importer as it holds the (A) as collateral security for the advance and, if necessary, (B) to the buyer as instructing customer.

① shipping documents – can take reimbursement
② bill of exchange – cannot take recourse
③ shipping document – cannot take recourse
④ bill of exchange – can take recourse

7. 다음 문장의 괄호 안에 들어갈 적합한 단어나 구문을 고르시오. 〈2001-2회, 1급〉

> To cover this shipment we have drawn on you at sight through the National Citizen Bank of Korea under the L/C No. 1010 and ask you to ( ) the draft upon presentation.

① protect ② send ③ reject ④ negotiate

8. 다음 밑줄친 부분의 해석으로 적절한 것을 고르시오.

> We ask you to draw on us for this sum at sight, when we shall be pleased to <u>honour your draft</u>.

① 귀사가 환어음을 발행하다. ② 귀사가 발행된 환어음을 인수하다.
③ 귀사 발행 환어음을 결제하다. ④ 귀사가 환어음을 결제하다.

해설
· honour your draft : 귀사 발행 환어음을 결제하다.

9. 다음 밑줄친 부분의 해석으로 적절한 것을 고르시오.

> The goods are available from stock and will be sent to you immediately we receive the <u>amount due</u>, namely US$10,000.

① 지불기일이 지난 금액 ② 지불만기가 된 금액
③ 초과 지불된 금액 ④ 미지불된 금액

해설
· the amount due : 지불만기가 된 금액

10. 다음 영어문장을 해석한 것 중 잘못된 것을 고르시오. 〈2008-3회, 1급〉

> Unless a letter of credit provides that it is transferable, the right of a beneficiary to draw or otherwise demand performance under a letter of credit may not be transferred.

① 신용장에서 양도가능이라고 명시하는 한
② 수익자가 신용장 하에서
③ 환어음을 발행하거나 또는
④ 기타의 의무를 청구할 수 있는 권리는 양도할 수 없다.

11. 한국기업이 온라인(신용카드)으로 1회 최대 미화 1만 달러까지 수출거래대금을 결제 받을 수 있도록 KOTRA가 운영하고 있는 결제 솔류션은? 〈2014-3회, 1급〉

① TradeCard ② SURF
③ Paypal ④ KOPS

12. What is the main purpose of the letter? 〈2015-1회, 1급〉

> Dear Mr. Cho,
> We regret that we can no longer extend credit to you due to your slow payment history. For all future orders we must require cash in advance or payment on delivery. If you wish to reestablish credit at some future time, please contact our credit department at (123)456-7890.
> Sincerely,

① to close an open account
② to reestablish credit
③ to let them know the way to contact the credit department
④ to ask for a prompt payment on the recent orders

해설

· payment on delivery : 현물인도지급방식 · reestablish : 재수립, 재설정

13. What is the type of the letter? 〈2015-1회, 1급〉

> Dear Ms. Yoo,
>
> USD 50,000 is overdue in your account. Copies of outstanding invoices are attached.
> If we do not receive payment in full by September 7, your account will be closed and service will be cancelled. In addition, this matter will be turned over to our collection agency.
> Please call us within the next three business days to discuss how we can resolve this matter.
>
> Sincerely,

① Credit reference ② Opening an account
③ Payment chase ④ Business close

해설

· 지급 독촉(payment chase)을 위한 서신이며, Collection Letter라고도 한다.
· credit reference : 신용조회처 · opening an account : 거래 개시 · business close : 폐업

14. What risks is the Buyer exposed under Advance Payment method? 〈2015-2회, 1급〉

> A. Country risk of seller
> B. Seller's bank risk
> C. Seller's performance risk
> D. Country risk of buyer

① B & C ② A & D ③ A & C ④ A & B & C

15. Where does the following sentence best fit in the letter? 〈2015-3회, 1급〉

> If the account is not settled by that date, we will be forced to revise the terms of our contract. Our accounting department has informed me that the payment of invoice no.399-7 is now 3 weeks overdue.
>
> (a) We would appreciate it if you could look into why we have not received the payment yet. (b) A copy of invoice no.399-7 is attached for your reference. Please give the matter your immediate attention and let us have the payment by July 10th. (c) If you wish to discuss special arrangements for the payment, please contact me at (02) 324-5394. (d) If you have already remitted the payment for this invoice, please disregard this letter.

① (a) ② (b) ③ (c) ④ (d)

16. What is the purpose of the letter? 〈2016-2회, 1급〉

> Your disregard of our previous reminders and personal telephone calls concerning your account, which is long overdue and delinquent, leaves our company no choice but to consider legal action. If your check for US$44,580,550 is not in our hands by July 10, your account will automatically be referred to the Bernstein Agency. We do not like to take these drastic measures, but you leave us with no alternative.

① adjustment of bad debts ② ultimatum of payment chase
③ complaint of late delivery ④ price negotiation of problem goods

해설

- 지급을 독촉하는 최후통첩(ultimatum of payment chase)이다.
- reminder : 독촉장, 알림장
- delinquent : 연체금
- no choice but to : ~ 하지 않을 수 없다
- legal action : 법적 조치[대응]
- drastic measures : 극단적인 조치
- alternative : 대안, 대체

17. Which of the following pairs has the LEAST appropriate sentence? 〈2016-2회, 1급〉

① A : You must have at least twenty buildings here. How many employees work on site?
B : About three thousand. However, that fluctuates on a monthly basis.
A : I see.

② A : Needless to say, we're very proud of everything we make. We stand behind each and every one of our products.
B : That's the primary reason I am here.

③ A : Total product delivery to be accomplished in no more than 90 days from today, and total payment no later than 76 days from today.
B : That interprets to two weeks after final product delivery.
A : Exactly.

④ A : Alternatively we can go with 25% before delivery and the remainder on delivery.
B : We would prefer 50% on both ends.
A : Then we need to discuss more.

해설
- 최종 제품 인도일로부터 2주 이내가 아니라 오늘부터 76일 이내에 지급해야 한다는 의미이다.
- stand behind : 밀어주다, 후원하다
- primary reason : 주된 이유
- interpret : 설명하다, (어떤 뜻으로)이해하다

18. What does the following explain? 〈2016-3회, 1급〉

Global communication network that facilitates 24-hour secure international exchange of payment instructions between banks, central banks, multinational corporations, and major securities firms.

① SWIFT ② TELEX ③ GIRO ④ CHIPS

해설
- multinational corporations : 다국적 기업들
- GIRO : 전산화된 송금 제도로 일정 금액을 보내는 사람과 받을 사람이 각자의 은행 예금계좌를 이용하여 대금을 결제하는 방식
- CHIPS : 미국의 도매 결제 시스템

19. 환어음을 작성할 필요가 없는 결제방법은? 〈2018-1회, 1급〉

① Freely Negotiable Credit
② D/P
③ D/A
④ COD

20. What is MOST suitable for the blank below? 〈2018-1회, 1급〉

> Payment can be deferred in the case of a/an (   ) which gives time for the buyer to inspect or even sell the goods.

① restricted L/C ② usance L/C

③ straight L/C ④ revocable L/C

제2절 분쟁해결

1 분쟁해결의 의의

무역계약을 이행하는 과정에 있어서는 관련 당사자 사이에 예기치 못한 사태의 발생에 의해 상대방에게 손해를 입히게 되는 경우가 있다. 이 경우 손해를 입은 당사자는 손해를 입힌 당사자에게 손해배상을 청구하게 되는데, 이를 무역계약에서는 클레임 청구라고 하고, 이를 해결하는 것이 무역계약에 있어서의 분쟁해결이다.

이러한 무역클레임의 발생원인은 약정품의 품질, 수량, 인도, 가격 등 무역계약의 내용과 관련된 원인과 지연선적 등 무역계약 이행상의 원인 및 상관습과 법률상의 상위 또는 부도덕한 상인과의 거래로 인한 것 등이 주종을 이루고 있다.

이러한 무역클레임은 그 발생을 예방하는 것이 가장 중요하겠지만, 예기치 못한 사유에 의해 무역클레임이 발생한 경우 가장 합리적인 방법으로 그 분쟁을 해결하여야 한다. 무역클레임의 분쟁해결방법에는 다음과 같은 것들이 있으며, 이 중 중재제도가 가장 일반적으로 사용되고 있다.

1) 당사자간의 우호적 해결

(1) 철회(Withdrawl)

일방당사자가 타방 당사자로부터 손해를 배상받을 수 있는 권리인 손해배상 청구권을 행사하지 않는 것으로서, 당사자가 손해배상 이외의 방법으로 분쟁을 해결하고 배상청구를 철회하는 경우에 해당된다. 특히 국제거래시 Market Claim의 경우에는 종종 이런 방법으로 해결이 된다. 이러한 철회의 원인은 상대방이 다른 조건으로 만족시켜 준다든가, 클레임의 구상액이 너무 근소하기 때문에 클레임을 제기할 만한 가치가 없는 경우이다.

(2) 화해(Amicable Settlement)

무역클레임의 대부분은 제3자(법원·중재인·조정인)의 판단에 의하지 않고, 당사자간의 자주적인 교섭(Negotiation)으로 해결되고 있다. 이것을 법률상으로는 화해에 의한 해결이라고 한다.

화해에는 2가지가 있다. 하나는, 당사자간의 교섭에 의하여 이루어지는 재판 외의 화해(Settlement out of Court)이고, 다른 하나는, 법원의 중개에 의한 화해(소송상의 화해)이다. 우리 민법상의 재판 외의 화해는 당사자가 서로 양보할 것, 분쟁을 종지할 것 및 그 뜻을 약정할 것 등 3가지 요건을 필요로 한다(민법 제731조).

2) 제3자의 개입에 의한 해결

(1) 알선(Intermediation, Mediation)

알선이라 함은 공정한 제3자가 당사자의 일방 또는 쌍방의 의뢰에 의하여 사건에 개입하여 원만한 타협이 되도록 조력하는 방법을 말한다. 알선은 당사자간에 협력을 필요로 하며, 강제력은 없으나 알선 수임기관의 영향에 의해 그 실효성이 나타난다.

(2) 조정(Conciliation, Adjustment)

당사자가 분쟁을 중재에 부탁한 경우, 중재절차 도중이나 중재절차가 개시되기에 앞서 분쟁을 좀 더 자율적이고 우호적으로 해결하면서 효과는 중재판정과 동일하게 하는 조정이라는 절차가 있다. 조정이란 양당사자가 동의하는 제3자, 즉 조정인에게 분쟁해결방안을 제시해줄 것을 부탁하고 그가 제시한 조정안을 승낙함으로서 분쟁을 최종적으로 해결하는 방안이다.

이러한 조정은 중재를 신청한 당사자 쌍방이 합의한 경우에만 행하여지는 것으로서 조정이 성립되면 그 조정결정은 중재판정과 동일한 효과를 갖게되며, 따라서 당사자간에는 법원의 확정판결과 동일한 효력을 발생시킨다.

그러나 일정기간내에 조정이 성립되지 못할 경우 조정절차는 자동적으로 폐기되면서 상사중재규칙에 따라 중재절차로 이행되게 된다.

(3) 중재(Arbitration)

중재는 당사자들이 소위 중재인(Arbitrator)이라고 부르는 공평한 제3자를 스스로 선정하고 그에게 자진하여 그들의 분쟁의 해결을 부탁하는 절차이다. 이때 중재인은 중재판정부(Arbitration Tribunal)를 구성하고 회부된 분쟁을 증거와 쟁의에 의거 판정(Award)하게 된다. 물론 당사자들은 사전에 중재인의 결정인 판정에 최종적으로 구속 받기로 하는 합의가 있어야 한다.

즉, 중재란 분쟁당사자간의 합의에 의하여 사법상의 권리 또는 법률관계에 관한 분쟁을 법원의 소송절차에 의하지 않고 제3자를 중재인으로 선정하여 그 분쟁의 해결을 중재인의 판정에 맡기는 동시에 최종적으로 그 판정에 복종함으로써 분쟁을 해결하는 것을 말한다.

(4) 소송(Litigation)

소송은 사인간의 분쟁을 국가기관인 재판소의 판결에 의하여 강제적으로 해결하는 제도이다. 무역클레임 중에는 당사자의 교섭만으로 해결되지 않는 경우가 있다. 이러한 경우에는 상대방에게 강제를 가하기 위해서는 최후수단으로서 국가공권력의 발동을 요청하고 국가권력에 의하여 강제력을 행사할 수밖에 없다. 그러나 국제간의 거래에서는 거래 상대방이 법역을 달리하므로 우리나라의 재판권이 상대국에 미치지 못한다는 장애가 있다.

❷ Model Correspondence

1) Useful Expression

▶▶ 클레임의 제기기한

Claim shall be reported to the seller within seven(7) days after arrival of the goods at the destination. Otherwise no claim shall be considered[1].

해설

1) otherwise no claim shall be considered : 그렇지 않으면 어떤 클레임도 받아 들여지지 않을 것이다.

▶▶ 클레임의 제기기한

Buyer's claim, if any, shall be made by EDI/Internet within ten(10) days from the date of final discharge of the goods[1] at the destination. Otherwise no claim shall be considered.

해설

1) from the date of final discharge of the goods : 물품의 최종 양륙일로부터

클레임 통지

We have been put to great inconvenience[1] through this delay of shipment.

해설

1) have been put to great inconvenience : 큰 불편을 겪다.

클레임 통지

We regret having to inform you that we have had numerous complaints[1] concerning the goods shipped on July 7.

해설

1) numerous complaints : 많은 불만

물품손상 통지

All the contents in packings[1] are stained[2] by sea water.

해설

1) the contents in packings : 포장의 내용물
2) stain : 손상되다.

포장손상 통지

We very much regret having to point out that when unloading the goods[1] we have discovered quite a number of broken cartons.

해설

1) unload the goods : 물품을 양륙하다.

조사보고서

An investigation made by the surveyor has revealed the fact that the damage is attributable to[1] the improper packing[2].

해설

1) be attributable to ~ : ~에 기인하다.
2) improper packing : 부적절한 포장

클레임 제기

We bring forward our claim[1] to you for the delay shipment.

해설

1) bring forward one's claim : 클레임을 제기하다.

화해에 의한 클레임 해결

We have settled the claims all amicably[1] between ourselves without recourse to the third party for intermediation[2], conciliation[3] or arbitration[4].

해설

1) settle the claims all amicably : 클레임을 우호적으로 화해하여 해결하다.
2) intermediation : 알선(=mediation)
3) conciliation : 조정(=adjustment)
4) arbitration : 중재

알선에 의한 클레임 해결

This intermediation will settle the claim[1] to your full satisfactions.

해설

1) settle the claim : 클레임을 해결하다.

중재에 의한 클레임 해결

Claims shall be settled by arbitration in Seoul in accordance with the rules of the Korean Commercial Arbitration Board[1].

해설

1) the Korean Commercial Arbitration Board : 대한상사중재원

중재조항의 삽입

In international trade, an insertion of the arbitration clause[1)] to the purchase order[2)] or sales contract[3)] may help buyer and seller to resolve business disputes[4)].

해설

1) arbitration clause : 중재조항
2) purchase order : 구매주문서
3) sales contract : 판매계약서
4) business dispute : 상사분쟁

중재인 판결의 구속력

The award[1)] rendered by the arbitrator(s)[2)] shall be final and binding upon[3)] both parties concerned.

해설

1) award : 중재판결
2) arbitrator : 중재인
3) be final and binding upon ~ : 최종적인 것이고 ~을 구속한다.

소송의 의미

Litigation is contest in a court of law[1)] for the purpose of[2)] enforcing a right[3)] or seeking a remedy[4)].

해설

1) contest in a court of law : 법정에서의 논쟁
2) for the purpose of ~ : ~을 위해
3) enforce a right : 권리를 집행하다.
4) seek a remedy : 구제를 구하다.

소송제기

About six months ago an action[1)] was brought against the firm by one of its suppliers[2)] for recovery of sums due[3)], though payment was later recovered in full.

해설

1) action : 소송
2) by one of its suppliers : 그 회사의 공급업자 중의 하나에 의해
3) due : 지불만기가 된

클레임에 대한 사과

We apologize for this unfortune matter and will do our best to settle[1] it urgently.

해설

1) settle : 해결하다.

2) Model Correspondence

Model 1 » 클레임 통지

Dear Sirs,

We are surprised to find that the goods of our Order No. 1234 on June 10 have not yet come to hand[1]. Our customers are phoning to us every day, asking for an explanation of the delay, as they are urgently requiring the goods.

We hope that you will immediately take this matter into your careful consideration[2] and furnish us with a prompt solution[3] by return EDI/Internet.

Yours truly,

해설

1) come to hand : 인도되다.
2) careful consideration : 주의 깊은 배려
3) a prompt solution : 신속한 해결책

Model 2 » 클레임 통지

Dear Sirs,

We are very much regretful that we find you have not yet delivered the goods ordered on July 20.

The goods are urgently required for[1] shipment and must be furnish with us within seven days. If you fail in your obligations[2], we should be compelled to[3] cancel the order[4].

Your kind reply by return EDI/Internet is awaited.

Yours truly,

해설

1) be urgently required for ~ : ~이 긴급히 요구되는
2) fail in your obligations : 귀사의 의무를 이행하지 못하다.
3) be compelled to ~ : 어쩔 수 없이 ~ 하다.
4) cancel the order : 그 주문을 취소하다.

Model 3 » 클레임 통지에 대한 회신

Gentlemen :

We very much regret to know that there was a breakage in one of the cases of Glassware invoiced[1] on the 10th of this month.

As the goods were well packed in our usual manner[2], we conclude that the rough handling[3] on the part of shipping company is the cause of this damage. Moreover, as the goods were sold on Free on Board Busan basis only, we cannot hold liable for claim[4] for this breakage in transit. We, however, will get into immediate negotiation[5] on your behalf[6], with the ABC Marine Insurance Co., Inc. to settle the matter at once.

Yours truly,

해설

1) invoice : 상업송장을 발행하다.
2) in our usual manner : 당사의 통상적인 방법으로
3) rough handling : 거친 취급
4) hold liable for claim : 클레임에 대하여 책임을 지다.
5) get into immediate negotiation : 즉시 교섭을 하다.
6) on your behalf : 귀사를 대신하여, 귀사를 위해

Model 4 » 클레임에 대한 규정

Gentlemen :

If the buyers make any default in acceptance[1] or in payment of drafts, the sellers will have the option of[2] suspending shipment[3] or cancelling all the outstanding orders[4], or part thereof and the buyers are to be held responsible for all the consequences therefrom, and the sellers have right to claim for[5] any loss sustained by the buyer's default.

Yours truly,

해설

1) make any default in acceptance : 환어음의 인수를 하지 않다.
2) have the option of ~ : ~ 선택권을 가지다.
3) suspend shipment : 선적을 보류하다.
4) outstanding orders : 미해결된 주문
5) have right to claim for ~ : ~에 대해 클레임을 청구할 권리를 가지다.

핵심문제

* 다음 문항의 정답을 고르시오.

1. 다음 문장의 내용과 관련이 있는 것은?

This is contest in a court of law for the purpose of enforcing a right or seeking a remedy.

① order ② litigation ③ arbitration ④ claim

해설

· contest in a court of law : 법정에서의 논쟁 · for the purpose of ~ : ~을 위해
· enforce a right : 권리를 집행하다. · seek a remedy : 구제를 구하다.

2. 다음 문장의 내용과 관련이 있는 것은? 〈58회, 1급〉

The right given to a party by law or by contract which that party may exercise upon a default by the other contracting party, or upon the commission of a wrong by another party.

① contracting ② rescission ③ fault ④ remedy

해설

· default : 채무불이행 · rescission : 무효 · remedy : 구제

3. 다음 지문의 설명과 가장 관련이 있는 것을 고르시오. 〈2003-1회, 1급〉

An agreement for taking and abiding by the judgement of selected persons in some disputed matter, instead of carrying it to established tribunals of justice. And the award shall be binding upon both parties concerned.

① Mediation ② Litigation ③ Intercession ④ Arbitration

해설

· abide : (판결)에 따르다. · mediation : 알선 · intercession : 조정

4. 다음 문장의 밑줄 친 부분의 의미와 바꿔 쓸 수 없는 것을 고르시오. 〈2002-2회, 1급〉

> We are forced to claim on you to make up the loss <u>amounting to</u> US $ 5,000.

① for　　② for the value of
③ for the amount of　　④ for the quality of

5. 다음 (　　) 안에 적절한 것은? 〈55회, 1급〉

> We will of course gladly replace any goods found to be unsatisfactory and are pleased to allow you a special discount of 5% (　　　　).

① to settle our account　　② to claim on you
③ in compensation for your trouble　　④ in return for your apology

해설
· in compensation for ~ : ~에 대한 보상으로

6. 다음 문장의 괄호 안에 들어갈 단어로 적합하지 않은 것을 고르시오. 〈2002-1회, 1급〉

> We are (　　) to claim on you to (　　) for U.S. $5,000.00.

① compelled – compensate　　② impelled – make up
③ bound – make recover　　④ forced – make good

7. 다음 밑줄친 부분의 해석으로 적절한 것은?

> About six months ago <u>an action was brought against</u> the firm by one of its suppliers for recovery of sums due, though payment was later recovered in full.

① 활동하다.　　② 행동을 취하여지다.
③ 경매가 이루어지다.　　④ 소송이 제기되다.

해설
· action : 소송　· by one of its suppliers : 그 회사의 공급업자 중의 하나에 의해　· due : 지불만기가 된

8. Choose the answer that appropriately translates the following sentence into Korean. 〈2009-2회, 1급〉

> The arbitral award shall have the same effect on the parties as the final and conclusive judgement of the court.

① 중재판정은 당사자간에 있어서 법원의 판결과 동일한 효력을 가진다.
② 중재판정은 당사자간에 있어서 대법원의 판결과 동일한 효력을 가진다.
③ 중재판정은 당사자간에 있어서 최종적이고 확정적인 판결력이 있다.
④ 중재판정은 당사자간에 있어서 법원의 확정판결과 동일한 효력을 가진다.

9. 우리 말을 영문으로 옮길 때 가장 적절한 것을 고르시오. 〈2004-1회, 1급〉

상자들은 너무나 허약하고 포장은 수출용으로 충분하지 않습니다. 파손이 결함있는 포장의 결과임을 보여주는 감정인의 보고서를 첨부합니다.

① The cases are too fragile and the packing is insufficient to export. Attached is a surveyor's report showed damage to be the result of faulting packing.
② The cases are too fragile and the packing is insufficient for export. Attached is a surveyor's report showing damage to be the result of faulty packing.
③ The cases are so fragile and the packing is unsufficient for export. Attached is a surveyor's report showing damage to be the result of fault packing.
④ The cases are too fragile and the packing is not sufficient for export. Attached is a surveyor's report showed damages to be the result of faulted packing.

해설
· faulty packing : 결함있는 포장

10. 우리 말을 영문으로 옮길 때 가장 적절한 것을 고르시오. 〈2001-1회, 1급〉

중재인에 의하여 내려진 판정은 최종적인 것이 될 것이며, 양당사자에게 지켜야할 법적 의무를 지운다.

① The judgement rendered by the arbitrator(s) shall be final and binding upon both parties.
② The judgement rendered by the arbitrator(s) shall be final and binding on both parties.
③ The award rendered by the arbitrator(s) shall be final and binding upon both parties.
④ The award rendered by the arbitrator(s) shall be final and binding on both parties.

11. What is the main subject of the letter? 〈2015-1회, 1급〉

> Dear Mr. Joo,
>
> The billing discrepancy between us and supplier XYZ seems to have reached an impasse. XYZ claims that we owe $14,000 for merchandise that was drop-shipped to various stores across the country. Our records, however, show that we only received $8,000 worth of merchandise.
>
> To resolve this situation, my suggestion is that we split the difference and offer them $3,000, which is half of the $6,000 discrepancy.
>
> May I have your approval to go ahead with this? I would like to get this matter settled by the end of the fiscal quarter.
>
> Regards,

① gap of orders ② dispute resolution
③ request for discount ④ transfer of terms of payment

해설

· 분쟁해결(dispute resolution)의 방안을 제시하고 있다.

12. 국제상사중재를 다루는 중재기관으로 옳지 않은 것은? 〈2015-1회, 1급〉

① KCAB, Korea Commercial Arbitration Board
② LCIA, London Court of International Arbitration
③ SIAC, Singapore International Arbitration Center
④ UNCITRAL, United Nations Commission on International Trade Law

해설

· UNCITRAL은 중재에 관한 협약 등은 제정하지만 국제상사중재를 직접 다루는 중재기관은 아니다. UNCITRAL의 대표적인 국제법으로는 "외국중재판정의 승인과 집행에 관한 UN협약"(뉴욕협약), 표준국제상사중재법, 전자상거래모델법 등이 있다.

13. Fill in the blanks in the comment of the letter. 〈2015-2회, 1급〉

> 〈Comment〉
>
> A claim should begin with the facts, first explaining the problem. Then all the necessary details should be recounted in a logical order. You are more likely to receive a favorable response from a person who understands your problem thoroughly.
>
> The second part of the claim emphasizes the loss or inconvenience that has been suffered. Again, the account should be factual and ________. You

should not exaggerate.
Finally, you should propose a reasonable ___________.
This should be worded positively and communicate your confidence that the company will be fair.

① convenient – compensation
② emotional – compromise
③ unemotional – demand
④ fair – excuses

해설

- recount : (특히 자기가 경험한 것에 대해) 이야기하다.
- factual : 사실에 기반을 둔
- unemotional : 감정을 드러내지 않는, 침착한
- exaggerate : 과장하다
- confidence : 신뢰, 확신

14. Which of the following is AGAINST the logic from the letter? 〈2015-2회, 1급〉

1)<u>I am writing on behalf of HNC in relation to your recent complaint</u>. I was very concerned to learn about the problems you experienced and the unprofessional conduct of our sales staff. Please accept my sincere apologies for everything that happened, and 2)<u>thank you for bringing it to my attention</u>. You have my assurance that I will resolve the matter to your satisfaction. 3)<u>You will send replacement items immediately, at your expense</u>, and I will personally make sure that the order is correct. To compensate for the inconvenience caused, 4)<u>we will also send you a credit note to be used against any items in our catalogue</u>. I have already spoken to the sales staff involved regarding the incident and we are making sure that all customer complaints are dealt with in a polite and helpful manner.

① 1) ② 2) ③ 3) ④ 4)

15. Which of the following is most likely to come BEFORE the passage below? 〈2015-3회, 1급〉

Your complaint about the alleged irresponsible and unskilled service by our check-in agent at Honolulu Airport has been thoroughly reviewed and investigated. Enclosed is a photocopy of the relevant article of the IATA(International Air Transport Association) Resolution for your reference and kind understanding that the staff member concerned did his best to help the passenger carrying the 'Restricted Article'.

① We never overlook even the slightest input from our customers.
② Though we are sympathetic to the helpless situation in which you were

placed, we must tell you that there is little an insurance can do in such cases.

③ Customer satisfaction through quality assurance has been an overriding goal of Air Catering Center and we are proud that this goal has been attained.

④ Your letter expresses your disappointment with our in-flight service on our flight PA123.

해설

· allege : (혐의 등을) 주장하다, 제기하다 · quality assurance : 품질보증서
· overriding : 중요한, 우선시되는 · attain : 이루다, 획득하다

16. What is the main theme of the letter? 〈2016-1회, 1급〉

I am writing to express my continuing dissatisfaction with your company's service on my road grinding equipment. When your mechanic is called, he rarely arrives within the four-hour time period designated by our contract. He also appears to be lacking in knowledge and experience with my equipment. The short warm-weather season here does not allow for work stoppages and equipment breakdowns. If the contract is to be renewed, we must review the issues of equipment failure, repair personnel, and down time. Please call at your earliest convenience.

① asking for a new mechanic
② poor performance on service contract
③ complaining about the bad weather
④ extending the service time

해설

· 서비스 계약의 형편없는 이행(poor performance on service contract)에 대한 불만을 제기하고 있다.
· rarely : 좀처럼, 드물게 ~ 하지 않는 · designate : 지정된
· work stoppage : 작업 정지 · down time : 고장 시간

17. 중재제도에 관한 다음 설명에 해당하는 것은? 〈2016-2회, 1급〉

중재절차에서 중재판정부는 당사자들의 지위를 보호하고 중재판정의 결과를 기다리는 동안 중재대상의 목적물의 처분이나 재산 도피 등을 제한하고 그 상태를 유지하도록 한다.

① interim measure ② final award
③ competence-competence ④ remuneration

해설

· competence-competence(자기심사권한) : 중재재판소가 독자적인 사법권을 검토하고 결정할 권한을 가지는 권리이다.

18. Which of the following is the LEAST appropriate Korean translation? 〈2016-3회, 1급〉

> (가) We would like to register a complaint about the G32 monitors we just received. (나) The resolution on the monitors does not at all match that guaranteed by your sales representative. (다) We made a sizable order based on what we were told. (라) Please address this issue immediately.

① (가) 저희가 방금 받은 G32 모니터에 대해 불만을 제기할 것이 있습니다.
② (나) 모니터에 대하여 우리가 결정한 것은 귀사의 판매직원 보장과 전혀 맞지 않습니다.
③ (다) 저희는 들은 것을 바탕으로 대량 주문을 하였습니다.
④ (라) 이 문제에 대해 즉각 답을 바랍니다.

해설

· register a complaint : 항의를 제기하다
· resolution : 해상도, (문제 · 불화 등의) 해결
· sizable : 상당한 크기의, 꽤 많은

19. 무역클레임의 해결방법에 대한 설명으로 옳지 않은 것은? 〈2017-2회, 1급〉

① Waiver of Claim : 현재 무역거래가 빈번히 일어나고 있는 경우에 가능한 방법으로 향후 지속적인 거래를 가능하게 해준다.
② Amicable Settlement : 실무적으로 분쟁해결을 위한 가장 바람직한 방법이다.
③ Conciliation : 형식적인 절차를 거치지 않고 조정인을 선정할 수 있다.
④ Arbitration : 양 당사자는 중재판정에 복종하여야 하는 강제성을 가진다.

20. Which of the following is the most appropriate English composition? 〈2017-2회, 1급〉

① 상자의 내용물을 조사했더니, 상단의 컵은 모두 파손되어 있었습니다.
→ Upon examining the contents of the crates, we found that the entire top layer of cups had crushed.

② 너무 심하게 부패되었으므로 공항 검역에서 억류되었습니다.
→ The high level of impurities has resulted from the shipment being held up by quarantine at the airport.

③ 귀사 카탈로그에 게재된 과일 바구니들과 어제 당사가 수령한 실물과의 사이에는 상당한 차이가 있음을 알리고자 합니다.
→ We would like to call your attention to the big discrepancy in the fruit baskets shown in your catalogue and the actual baskets we received yesterday.

④ 귀사의 털베개에 대해 손님들로부터 환불해 달라는 요청을 받았습니다.
→ We have had the number of customers asking about refunds for your feather pillows.

제3편 무역 관련 서류 및 법규

무역계약과 관련된 서류

제 9 장

제1절 Offer-Sheet

1 Offer-Sheet의 의의

무역계약은 청약자의 청약(Offer)과 이에 대한 피청약자의 승낙(Acceptance)에 의해 성립한다. 여기에서 청약이란 무역거래를 하고자 하는 청약자의 피청약자에 대한 일방적 · 확정적 의사표시를 말하며, 이 청약에 대하여 피청약자의 무조건적 · 절대적인 승낙이 있으면 계약이 성립하여 양당사자를 구속하게 된다.

청약의 종류에는 여러 가지가 있지만, 피청약자의 승낙이 있으면 즉시 무역계약이 성립하는 형태의 청약을 확정청약(Firm Offer)이라고 한다. 그리고 이러한 확정청약의 형식은 구두, 서면, 행위 등 일정한 제한이 없지만, 일반적으로 물품매도확약서(Offer-Sheet) 형식을 갖추고 있으며, 이 Offer-Sheet는 실무적으로는 매매계약서를 대신하는 경우도 많다. 이 Offer-Sheet에 기재되는 내용은 일반적으로 다음과 같다.

- 품명 : 품명, 품질, 등급, 규격 및 그 명세 등을 품명 번호와 함께 기재
- 수량 : 거래하고자 하는 총 수량 및 수량단위를 기재
- 가격 : 단가, 가격산정기준 및 총액을 기재
- 원산지 : 원산지를 표시, 특히 1차 산품의 경우 중요하다.
- 공급자 : 공급자가 있는 경우 이를 표시
- 포장 : 적절한 포장방법 및 화인 표시
- 선적 : 선적항, 양륙항, 운임 선급/후급 및 선적기한을 표시
- 보험 : 보험계약자, 부보조건 등을 기재

- 검사 : 검사 관련 사항을 기재
- 결제 : 대금결제방법, 환어음 발행조건 등을 기재
- 유효기간 : Offer-Sheet의 유효기간을 표시
- 비고 : 기타 고지하여야 할 내용을 기재

② Offer-Sheet Model

Model 1 » Offer-Sheet

Korean Trading Co., Inc.
C.P.O. Box 1234, Seoul, Korea

American Trading Co., Inc.
300 Liberty St. New York,
N. Y. 1005, U.S.A.

Ref. No. : CC-521
Date : April 7, 2020

<u>Offer-Sheet</u>

Gentlemen :

We are pleased to offer you the under-mentioned goods on the terms and conditions as follows.

Article No.	Commodity & Description	Unit	Quantity	Unit Price	Amount
CC-12	Korean Canned Crab Meat, "Star" Brand. Half Pound (1/2 lb.) cans. Fancy grade.	case	100	US$ 40.00 per case CIF New York	US$ 4,000

Origin : Made in Korea.
Packing : Five(5) dozen in a case.
Shipment : During May.
Shipping Port : Busan, Korea
Insurance : To be effected by buyer
Inspection : Our governmental inspection to be final
Payment : Draft to be drawn at 30 d/s under Irrevocable Transferable L/C by EDI/ Internet.
Validity : This offer-sheet is valid until April 15, 2020
Remarks : We do not hold ourselves responsible for any delay due to force majeure or any other causes beyond our control.

Looking forward to your kind order for above offer.

Yours very truly

Korean Trading Co., Inc.
Gil Dong Song
Gil Dong Song
President

Model 2 » Offer-Sheet

Korean Trading Co., Inc.
C.P.O. Box 1234, Seoul, Korea

American Trading Co., Inc.
300 Liberty St. New York,
N. Y. 1005, U.S.A.

Ref. No. : CC-7777
Date : June 7, 2020

Offer-Sheet

Gentlemen :

We are pleased to offer you the under-mentioned articles as per conditions and details described as follows.

Commodity & Description (Sample No.)	Unit Price	Quantity	Amount
Sample No. 12 Korean Canned Crab Meat, "Star"brand. Half Pound (1/2 lb.) cans. Fancy grade.	US$ 30.00 per case, FOB Busan	100 cases	US$ 3,000.00

Origin : Republic of Korea.
Supplier : ABC Manufacturing Co., Inc.
Packing : Five(5) dozen in a case, export standard packing.
Shipment : During July/August.
Shipping Port : Busan, Korea.
Insurance : All shipments shall be covered on FPA including War Risks by seller.
Inspection : Ours to be final.
Payment : Draft to be drawn at sight under Irrevocable Confirmed L/C in our favor.
Validity : This offer-sheet is valid until June 20, 2020.
Remarks : The prices quoted above are net prices.
This offer is subject to our final confirmation.

We hope that you will place an order to us.

Yours very truly

Korean Trading Co., Inc.
Gil Dong Song
Gil Dong Song
President

제2절 Order-Sheet

1 Order-Sheet의 의의

무역계약이 성립하면 매도인과 매수인은 Offer-Sheet 또는 매매계약서의 내용대로 계약을 이행하면 되지만, 매수인은 Offer-Sheet의 내용을 다시 한번 확인하면서 그 조건대로 구매하겠다는 명확한 의사를 표시하게 되는데, 이를 주문서(Order-Sheet)라고 한다.

이러한 Order-Sheet의 형식에는 일정한 제한은 없으며, 이 Order-Sheet는 실무적으로는 매매계약서를 대신하는 경우도 많다. 또한 Order-Sheet는 Offer-Sheet의 내용을 다시 한번 확인하여 매수인이 자신의 명확한 의사를 표시하는 것이므로, 그 내용 또한 Offer- Sheet와 거의 동일하다. Order-Sheet에 기재되는 내용은 일반적으로 다음과 같다.

- 품명 : 품명, 품질, 등급, 규격 및 그 명세 등을 품명 번호와 함께 기재
- 수량 : 거래하고자 하는 총 수량 및 수량단위를 기재
- 가격 : 단가, 가격산정기준 및 총액을 기재
- 원산지 : 원산지를 표시, 특히 1차 산품의 경우 중요하다.
- 포장 : 적절한 포장방법 및 화인 표시
- 선적 : 선적항, 양륙항, 운임선급/후급 및 선적기한을 표시
- 보험 : 보험계약자, 부보조건 등을 기재
- 검사 : 검사 관련 사항을 기재
- 결제 : 대금결제방법, 환어음 발행조건 등을 기재
- 비고 : 승낙일자, 선적지시사항 등 기타 고지하여야 할 내용을 기재

❷ Order-Sheet Model

Model 1 » Order-Sheet

The Cook Importing Co., Inc.
2150 West 7th St. Los Angeles
CA. 90019, U.S.A.

Order-Sheet

July 7, 2020

To : The Korean Trading Co., Inc.
C.P.O. Box 5678, Seoul, Korea

Gentlemen :

We have the pleasure of placing the following order with you.

PAYMENT : Draft at 30 d/s under irrevocable transferable L/C in your favor
INSURANCE : ICC(A) including War Risks and SRCC
SHIPMENT : By July 30, 2020
PACKING : One set separately in a hardboard box
INSPECTION : Our mill's inspection to be final
REMARKS : Subject to general terms and conditions set forth on the back

Item No.	Commodity Description	Quantity	Unit Price	Amount
			CIF Los Angeles/Set	
CT-1234	Color Television	1,000 sets	US$500	US$500,000
RF-1235	Refrigerator	1,000 sets	US$900	US$900,000
	Total	2,000 sets		US$1,400,000

Shipping Marks
C-I
Los Angeles
C/No. 1-2,000
Made in Korea

ACCEPTED BY :
The Korean Trading Co., Inc.
Gil Dong Song
Gil Dong Song
President
on July 1, 2020

We hope that this initial business will lead to a pleasant business relationship and further order in the near future.

Yours Truly,

The Cook Importing Co., Inc.
Robert Cook
Robert Cook
President

Model 2 » Order-Sheet

G. WOOD & SONS Electrical Supplies
36 Castle Street Bristol BS1 2BQ
Telephone 54967

ORDER-SHEET NO. 3241 November 14, 2020

Electrical Supplies Co., Ltd.
BIRMINGHAM B1 2HE

Gentlemen :

We have the pleasure of placing the following order with you.
Please supply :

Quantity	Item(s)	Price(£)
10	Swanson Electric Kettles (2 litre)	25.00 each
10	Cosiwarm Electric Blankets (single-bed size)	24.50 each
10	Regency Electric Toasters	25.50 each
10	Marlborough Kitchen Wall Clocks	27.50 each

Shipment : During December
Packing : Each piece wrapped in polyester bag
Terms : Draft at 30 d/s under irrevocable L/C
Insurance : To be effected by buyer
Remarks : Certificate of Inspection & Samples to be sent by airmail prior to shipment

We hope that you will promptly accept our order and make your usual careful execution.

Yours Truly

G. Wood & Sons

Model 3 » Order-Sheet

The Cook Importing Co., Inc.
2150 West 7th St. Los Angeles
CA. 90019, U.S.A.

DESTINATION Los Angeles, U.S.A.	ORDER-SHEET NO. 123 Please refer to Order-Sheet No. in correspondence and invoices.
WAY OF DELIVERY By Crystal Line	
SUPPLIER Korean Trading Co. Inc., C.P.O. Box 1234, Busan, KOREA	
AGENT Not Applicable	
INSURANCE ICC[C] including War Risks and SRCC	MARKS AND NUMBERS C & C CASE NUMBER DESTINATION MARK COUNTRY OF ORIGIN
TERMS OF PAYMENT L/C at 60 d/s draft	
TERMS OF DELIVERY CIF Los Angeles	
TIME OF DELIVERY During July/August	

ART. NO.	DESCRIPTION	QUANTITY	UNIT PRICE	AMOUNT
C&C # 1234	386 DX I	100 SETS	US $ 800/SET	US $ 80,000.–
C&C # 1235	486 DX II	100 SETS	US $ 1,000/SET	US $ 100,000.–
C&C # 1236	486 DX III	100 SETS	US $ 1,200/SET	US $ 120,000.–
C&C # 1237	PENTIUM	100 SETS	US $ 1,500/SET	US $ 150,000.–
	SUBTOTAL	500 SETS		US $ 450,000.–
C&M # 2123	14"COLOR MON.	200 SETS	US $ 250/SET	US $ 50,000.–
C&M # 2124	17"COLOR MON.	300 SETS	US $ 500/SET	US $ 150,000.–
	SUBTOTAL	500 SETS		US $ 200,000.–
TOTAL				US $ 650,000.–

REMARKS : All other terms except the terms stated above are subject to Agreement on General Terms and Conditions dated Jan. 1, 2020

The Cook Importing Co.,Inc.

Robert Cook

Robert Cook
General Manager of Import Division

선적서류 제 10 장

제1절 운송서류

1 운송서류의 의의

운송서류는 화물수령의 증거 또는 운송계약의 증거로서 운송인이 화주에게 발급하여 주는 서류이며, 또한 이 운송서류는 신용장거래에 있어서 수익자가 선적서류 매입시 제시하여야 하는 필수서류일 뿐만 아니라 매수인이 화물수령시 제시하여야 하는 중요한 서류이다. 이 운송서류에는 유가증권인 선화증권을 비롯하여 해상화물운송장, 용선계약선화증권, 복합운송서류, 항공운송서류, 철도·도로·내수로 운송서류, 특송·우편수령증 등이 있다. 그러나 이 운송서류 중 가장 대표적인 것은 양도성 유가증권인 선화증권이다.

1) 선화증권

수출업자는 선복을 수배하여 선적을 하게 되면 본선의 일등항해사로부터 화물을 수취하였다는 일종의 증명서인 본선수취증(M/R : Mate's Receipt)을 교부받게 된다. 그런데 이 본선수취증은 유가증권이 아니라 단순한 화물수취증명서에 불과하므로, 수출업자는 이 본선수취증을 선사에 제출하고 선화증권(B/L : Bill of Lading)을 교부받게 된다.

이 선화증권은 화물수령증의 기능을 하고, 운송계약의 증거로서의 기능을 하며, 또한 선화증권 기능 중 가장 중요한 양도성 권리증권의 기능이 있다. 즉, 선화증권은 배서나 교부에 의해 제3자에게 양도할 수 있는 유가증권으로서, 보통 신용장거래에 있어서는 "Full set of clean on board ocean bill of lading made out to the order of xxx marked freight xxx to notify xxx"와 같은 문구가 기재된 선화증권을 요구하고 있다. 이 문구를 해설하면 다음과 같다.

- full set : 선화증권의 원본은 발행된 전통(全通)이어야 한다.
- clean : 무고장의 의미로서 발행된 선화증권의 비고란에 선적내용과 관련하여, 예컨대 포장불량, 수량부족 등과 같은 하자내용의 기재가 전혀 없어야 한다.
- on board : 본선적재의 의미로서 선화증권은 본선적재후 발행된 것이어야 한다.
- ocean : 해양(海洋)을 항해하여 운송하는 해상운송을 나타내는 선화증권이어야 한다.
- to the order of xxx : 선화증권은 xxx(개설은행)의 지시식으로 발행된다는 의미이며, 따라서 xxx(개설은행) 다음에 나오는 자가 선화증권을 제3자에게 양도할 수 있는 권한을 가지는 선적서류상의 화주가 된다. 실무적으로는 개설은행이 기입되어 발행되는 것이 통상적이다.
- marked freight xxx : 운임지급이 선불인가 또는 후불인가를 나타내는 것으로, 신용장상의 무역계약이 CIF, CFR, CIP 등인 경우에는 "PREPAID"로 표기되어 운임이 선불임을 나타내게 되고, FOB, FCA 등인 경우에는 "COLLECT"로 표기되어 운임이 후불임을 나타내게 된다.
- to notify xxx : to notify xxx(개설의뢰인) 다음에 표기되는 자는 도착항에서 화물을 인수할 자를 나타내며, 보통 개설의뢰인(수입업자)으로 표기되어 있다.

신용장거래에 있어서 선화증권의 일반적인 수리요건은 다음과 같다.

- 선화증권은 xxx의 지시식으로 발행된 무고장 본선적재 해양선화증권으로서 복수(보통 3통)로 발행된 원본 全通이 제출되어야 한다.
- 신용장에 별도의 명시가 없는 한 서명 등이 있는 정규성을 갖춘 선화증권이어야 한다.
- 운송인, 운송인의 대리인, 선장 또는 선장의 대리인이 발행하고 서명한 것이어야 한다. 또한 운송중개인이 발행하고 서명한 선화증권은 그 운송중개인이 운송으로서, 또는 운송인의 대리인으로서 발행하고 서명한 것이어야 수리가능하며, 단순한 운송중개인이 발행하고 서명한 선화증권은 수리되지 않는다.
- 선화증권의 발행자와는 별도로 운송인의 명칭이 선화증권의 앞면에 명시되어야 한다.
- 특정물품이 기명된 선박(a Named Vessel)에 본선적재되었음을 명시하고 있어야 한다. 그러므로 수취선화증권은 물품이 본선에 적재되었다는 사실과 본선적재일자가

표시하고 있는 본선적재부기(on Board Notation)가 있어야 하며, 기명된 선박이란 선화증권상에 선박명이 명시되어 있어야 한다는 의미이다. 특히 화물이 환적되는 경우에는 운송선박명을 모두 명시하여야 한다.

- 선적항과 최초수탁지 또는 양륙항과 최종목적지가 다르거나, 지정된 선적항과 양륙항을 명시하고 있으면서 선적항 또는 양륙항에 "예정된"이라는 표시가 있는 경우에도 선화증권상의 선적항·양륙항은 신용장상에 지정한 선적항·양륙항과 일치하여야 한다.
- 해상운송에 관한 배면약관이 있거나 또는 이 배면약관이 없는 약식선화증권(Short Form B/L, Blank Back B/L)도 수리가능하다. 그러나 약식선화증권의 경우에는 운송조건의 일부 또는 전부가 선화증권 자체 이외의 자료 또는 서류에 근거하고 있다는 문구가 선화증권에 명시되어 있어야 한다.
- 별도의 명시가 없는 한 용선계약 또는 범선(帆船)만에 의한 운송이라는 어떠한 명시도 없어야 한다.
- 별도의 명시가 없는 한 갑판적재 사실의 표시가 없어야 한다.
- 신용장조건이 분할선적과 환적을 금지하고 있지 않는 한 분할선적과 환적은 허용된다.
- 선적기일내의 선적일자 표시가 있어야 한다.

한편 신용장거래에 있어서 원칙적으로 자동수리되는 선화증권은 다음과 같다.

- 무고장선화증권 : 무고장선화증권(Clean B/L)은 자동수리된다.
- 부지약관선화증권(Unknown Clause B/L) : 컨테이너화물에서 송화인이 내적하여 운송인이 그 내용물과 수량 등을 확인할 수 없는 경우에서와 같이 "shipper's load and counter" 또는 "said by shipper to contain"이나 이와 유사한 문구의 부지약관이 표시되어 있는 선화증권은 자동수리된다.
- 제3자 선화증권(Third Party or Neutral B/L) : 화물을 선적한 송화인이 수익자가 아닌 제3자인 선화증권은 신용장에서 금지하고 있지 않는 한 자동수리된다.

2) 해상화물운송장(Sea Waybill)

해상화물운송장은 유가증권이 아닌 기명식으로 발행되는 비유통증권으로서, 수화인은 자신이 해상화물운송장상의 수화인 본인임을 입증하면 화물을 인도받을 수 있으며, 해상화물운송장을 제출할 필요는 없다.

해상화물운송장은 화물과 같이 운송되어 수화인에게 인도되므로, 오늘날 선박운송의 고속화로 서류보다 화물이 먼저 목적항에 도착함으로써 야기되는 화물적체문제를 해결하는데 있어서 화물선취보증장(L/G : Letter of Guarantee)을 대신하여 중요한 기능을 수행하고 있다.

한편 이러한 해상화물운송장은 신용장에서 별도로 허용하고 있는 경우 운송서류로서의 일반적 요건을 갖추고 있으면 매입은행에서 수리된다.

3) 용선계약선화증권(Charter Party Bill of Lading)

용선계약선화증권이란 제3의 선주로부터 빌린 용선선박에 화물을 적재한 경우에 발행되는 선화증권을 말한다. 이 용선계약선화증권은 신용장이 별도로 요구하고 있거나 허용하고 있는 경우에만 수리될 수 있다. 용선계약선화증권의 일반적인 수리요건은 다음과 같다.

- 용선계약에 따른다는 명시문언이 있을 것
- 선장, 선장의 대리인, 선주 또는 선주의 대리인이 발행하고 서명한 것
- 운송인 명의를 반드시 기재할 필요는 없음
- 물품이 본선적재 또는 선적되었음을 명시한 것
- 신용장상의 지정된 선적항 및 양륙항과 일치하는 선적항 및 양륙항을 명시한 것
- "예정된" 선박, "예정된" 선적항 등의 기재가 없을 것
- 발행된 원본 전통의 제시
- 범선만의 운송이라는 어떤 명시도 없을 것
- 기타 신용장조건을 모두 충족할 것

4) 복합운송서류(Multimodal Transport Document)

신용장이 복합운송서류를 요구하고 있는 경우 매입은행은 그 명칭과는 관계없이 다음과 같은 일반적인 요건을 갖춘 복합운송서류를 수리하여야 한다.

- 운송인, 복합운송인, 선장 또는 그 대리인이 발행하고 서명한 것
- 운송인이나 복합운송인의 명의를 기재하고 있을 것
- 물품이 발송, 수탁 또는 본선적재되었음을 표시하고 있을 것

- 선적항과 다른 수탁지 또는 양륙항과 다른 최종목적지를 명시하고 있는 서류
- "예정된" 선박, 선적항 또는 양륙항을 명시하고 있는 서류도 수리가능
- 운송에 관한 배면약관이 있거나 또는 그 약관이 없는 약식의 서류도 수리가능
- 발행된 원본 전통의 제시
- 용선계약 또는 범선만의 운송이라는 어떤 명시도 없을 것
- 신용장상의 환적금지문언이 있어도 전 운송과정이 하나의 복합운송서류에 의해 커버된다면 수리가능
- 기타 신용장조건을 모두 충족할 것

5) 항공운송서류(Air Transport Document)

항공화물운송장(AWB : Air Waybill)으로 대표되는 항공운송서류는 비유가증권으로서, 신용장이 항공운송서류를 요구하고 있는 경우 다음과 같은 일반적인 요건을 갖추고 있으면 그 명칭과 관계없이 수리가능하다.

- 운송인의 명의가 기재되어 있을 것
- 운송인 또는 그 대리인이 발행하고 서명한 것일 것. 그러므로 단순 운송중개인이 발행한 House AWB는 수리되지 않는다.
- 화물이 운송을 위하여 수취되었음을 표시하고 있을 것
- 신용장에 실제 발송일자의 기재를 요구하고 있는 경우에는 명확한 기재가 있을 것
- 신용장에 지정한 출발공항과 도착공항을 명시하고 있을 것
- 신용장이 원본 전통의 제시를 요구하고 있는 경우에도 송화인용 원본 1통만 제시하면 수리가능
- 운송에 관한 배면약관이 있거나 또는 그 약관이 없는 약식의 서류도 수리 가능
- 운송조건의 전부 또는 일부를 항공운송서류 이외의 다른 근거 또는 서류를 참조하라고 표시하고 있는 서류도 수리가능
- 용선계약항공운송서류도 수리가능
- 신용장이 환적을 금지하고 있어도 전 운송구간을 하나의 항공운송서류가 커버하고 있으면 환적은 허용된다.

② Transport Document Model

Model 1 » Shipping Request

SHIPPING REQUEST	
Shipper PUKYONG TRADING CO., LTD. C.P.O. BOX 3415, SEOUL KOREA	*LOGISTICS CO., LTD.*
Consignee TO THE ORDER OF THE BANK OF CALIFORNIA	TEL : 02-3402-3080~5 FAX : 02-3402-3090
Notify Party THE YOUNG IMPORTING CO., INC. 2150 WEST 7TH ST. LOS ANGELES CA 90019 U.S.A.	

Precarriage by	Place of Receipt Busan CY	Port of Loading Busan, KOREA
Ocean Vessel & Voy. No. QUEEN V.100	Port of Discharge LOS ANGELES	Place of Delivery

Final Destination(for the merchant's reference only)

Container No. Marks & Nos.	No. & Kind of p'kgs	Description of Goods	Gross Weight	Measurement
AI LOS ANGELES C/No 1,001-11,000 MADE IN KOREA	10,000 CTNS (ONE SET SEPARATELY IN HARDBOARD BOX)	COLOR TV DCT-1526		
AI LOS ANGELES C/No 2,001-7,000 MADE IN KOREA	5,000 CTNS (ONE SET SEPARATELY IN HARDBOARD BOX)	REFRIGERATOR DRF-F600		
			1,005,000KG	8,100CBM

Accepted on	Request By Name and Address
June 30, 2020 By *Chun Ho Lee* *LOGISTICS CO., LTD.*	*Gil Dong Song* Gil Dong Song General Manager Korean Trading Co., Inc. C.P.O. BOX 3415, SEOUL, KOREA

Model 2 » Mate's Receipt

<table>
<tr><td colspan="5" align="center">MATE'S RECEIPT</td></tr>
<tr><td colspan="2">Shipper</td><td colspan="3">Date of Issue</td></tr>
<tr><td colspan="2">Consignee</td><td colspan="3" rowspan="2"></td></tr>
<tr><td colspan="2">Notify Party</td></tr>
<tr><td>Vessel</td><td>Voyage No.</td><td>S/O No.</td><td colspan="2">B/L No.</td></tr>
<tr><td>Port of Loading</td><td>Port of Discharging</td><td colspan="3">Final Destination</td></tr>
<tr><td colspan="5">The undermentioned cargo in apparent good order and condition unless otherwise noted below</td></tr>
<tr><td>Marks and Numbers</td><td>No. of Pkgs</td><td>Description of Goods</td><td>Gross Weight</td><td>Measurement</td></tr>
<tr><td></td><td></td><td></td><td></td><td></td></tr>
<tr><td colspan="5">Remarks :</td></tr>
<tr><td colspan="5">This receipt is given subject to all the conditions of our principal's Bill of Lading.
RECEIVED ON BOARD
BY : ______________________
No. of Packages______________________
Stowed in Hatch No.______________________
Date : ______________________ BY : ______________________</td></tr>
</table>

Model 3 Marine Bill of Lading

<table>
<tr><td colspan="3">Shipper</td><td colspan="4" rowspan="5">HANJIN SHIPPING CO., LTD.

Marine Bill of Lading</td></tr>
<tr><td colspan="3">Consignee</td></tr>
<tr><td colspan="3">Notify Party</td></tr>
<tr><td colspan="3">Pre-carriage by Place of receipt</td></tr>
<tr><td colspan="3">Ocean vessel Voy. No. Port of loading</td></tr>
<tr><td colspan="7">Port of discharge Place of delivery Final destination for the Merchant reference</td></tr>
<tr><td>Container No.</td><td>Seal No. Marks and Numbers</td><td>Numbers of containers or packages</td><td colspan="2">Kind of package: Description of goods</td><td>Gross weight</td><td>Measuremen</td></tr>
<tr><td colspan="2">Freight and Charge</td><td>Price Term

FOB Busan</td><td>Rate</td><td>per</td><td>Prepaid</td><td>Collect</td></tr>
<tr><td rowspan="2">Ex. Rate</td><td colspan="2">Freight prepaid at</td><td colspan="2">Freight payable at</td><td colspan="2">Place and date of issue</td></tr>
<tr><td colspan="2">Total prepaid in</td><td colspan="2">No. of original B/L</td><td colspan="2" rowspan="2">HANJIN SHIPPING CO., LTD.

Gil Dong Hong
Gil Dong Hong</td></tr>
<tr><td colspan="2">Date</td><td colspan="3">Laden on board the vessel</td></tr>
</table>

Model 4 » Combined Transport Bill of Lading

<table>
<tr><td colspan="2">Consignor</td><td colspan="2">FBL No.______________
NEGOTIABLE FIATA COMBINED
TRANSPORT BILL OF LADING
Issued subject to ICC Uniform Rules for a Combined Transport Document(ICC Publication 298)</td></tr>
<tr><td colspan="2">Consigned to order of</td><td colspan="2" rowspan="5">Korean Shipping Line
123 Jurye 2-Dong, Sasang-Gu,
Busan, Korea
Tel : 051-320-1234</td></tr>
<tr><td colspan="2">Notify address</td></tr>
<tr><td></td><td>Place of receipt</td></tr>
<tr><td>Ocean vessel</td><td>Port of loading</td></tr>
<tr><td>Port of discharge</td><td>Place of delivery</td></tr>
<tr><td colspan="2">Marks and Numbers</td><td colspan="2">Number and kind of packages</td></tr>
<tr><td colspan="4">Description of goods   Gross weight   Measurement

according to the declaration of the consignor</td></tr>
<tr><td colspan="2" rowspan="2">Freight amount</td><td colspan="2">Remarks</td></tr>
<tr><td>Freight payable at</td><td>Place and date of issue</td></tr>
<tr><td colspan="2">Cargo Insurance through the undersigned:
□ not covered
□ covered according to attached Policy</td><td>Number of Origin FBL</td><td rowspan="2">Stamp and authorized signature</td></tr>
<tr><td colspan="3">For delivery of goods please apply to:</td></tr>
</table>

Model 5 » Combined Transport Bill of Lading

Consignor
PUKYONG TRADING Co., LTD. C.P.O. BOX 3415
SEOUL KOREA

Consigned to order of
THE BANK OF CALIFORNIA

Notify Address
THE YOUNG IMPORTING CO., INC.
2510 WEST 7TH ST. LOS ANGELES
CA 90019 U.S.A.

Place of receipt
Busan CY

Ocean Vessel	Part of loading
Queen v. 100	Busan, KOREA
Port of discharge	**Place of delivery**
LOS ANGELES	

NO TWL-0136

FBL

NOGOTIABLE FIATA
MULTIMODAL TRANSPORT
BILL OF LADING
issued subject to UNCTD/ICC Ruls for Multimodal Transport Documents (ICC Publication 481)

LOGISTICS CO., LTD.
TEL : (02)3402-3080~5
FAX : (02)3402-3090

Marks and numbers	Number and kind if p'kges	Description of Goods	Gross Weight	Measurement
	SHIPPER'S LOAD & COUNT SAID TO CONTAIN		1,005,000KG	8,100CBM
AI LOS ANGELS C/NO. 1,001-11,000 MADE IN KOREA	10,000 CTNS (ONE SET SEPARATELY IN HARDBOARD BOX)	COLOR TV DCT-1526		
AI LOS ANGELS C/NO. 2,001-7,000 MADE IN KOREA	10,000TNS (ONE SET SEPARATELY IN HARDBOARD BOX)	REFRIGERATOR DRF-F600		

L/C NO : 99/8000
'FREIGHT PREPAID'
SAY : CTNS ONLY
according to the declaration of the consignor

LOADED ON BOARD
DATE : JULY, 25, 2020

Declaration of Interest of the consignor timely delivery (Clause 6.2)

Declared value for valorem rate according to the in declaration of the consignor (Clauses 7 and 8)

The goods and instructions are accepted and dealt with subject to the Standard Conditions printed overleaf. Taken in charge in apparent good order and condition, unless otherwise noted here in, at the place of receipt for transport and delivery as mentioned above.
One of these Multimodal Transport Bills of Lading must be surrendered duly endorsed in exchange for the goods. In Witness where of he original Multimodal Transport Bills of Lading all of this tenor and date have been signed in the number stated below, one of which being accomplished the other(s) to be void.

Freight amount AS AGREED	**Freight payable at** SEOUL, KOREA	Place And date of issue SEOUL, KOREA : JULY 25, 2020
Cargo Insurance through the undersigned □ no : covered □ Covered according to attached Policy	Number of Original FBL's THREE/3	Stamp and Signature *WILLIAM COOK* **LOGISTICS CO., LTD.**
For delivery of goods please apply to :		

Model 6 » Letter of Guarantee

Revenuse Stamp

LETTER OF GUARANTEE

DATE :

<table>
<tr><td rowspan="2" colspan="2">SHIPPING CO.</td><td>NUBER OF CREDIT</td><td>L/G NUMBER</td></tr>
<tr><td colspan="2">NUMBER OF B/L</td></tr>
<tr><td rowspan="3" colspan="2">SHIPPER</td><td colspan="2">VESSEL NAME</td></tr>
<tr><td colspan="2">ARRIVAL DATE</td></tr>
<tr><td colspan="2">VOYAGE NUMBER</td></tr>
<tr><td rowspan="2" colspan="2">INVOICE VALUE</td><td colspan="2">PORT OF LOADING</td></tr>
<tr><td colspan="2">PORT OF DISCHARGE</td></tr>
<tr><td>NOS. & MARKS</td><td>PACKAGES</td><td colspan="2">DESCRIPTION OF GOODS</td></tr>
</table>

In consideration of your grating us delivery of above-mentioned cargo which we declare has been shipped to our consignment, but Bills of Lading of which have not been received, we hereby engage to deliver you the said Bill of Lading as soon as we receive them and we further guarantee to indemnify yourselves and/or the owners of the said vessel against any claims that may be made by other parties on account of the aforesaid cargo, and to pay to you on demand any freight or other charges that may be due here or that may be due here or that may have remained unpaid at the port of shipment in respect to the above-mentioned goods.

In the event of the Bill of Lading for the cargo herein mentioner being hypothecated to any other bank, company, firm or person, we further guarantee to hold you harmelss from all consequences whatsoever arising therefrom and furthermore unfertake to inform you immediately in the even of Bills of Lading being so hypothecated.

Yours faithfully, ______________________

Party claiming right of delivery

We hereby guarantee to surrender to you the corresponding Bills of Lading, Kindly be advised that this guarantee shall be automatically null and void, upon you acknowledging receipt of the corresponding Bills of Lading which are to be endorsed and presented to you by us for the only purpose of the redmption of the purpose of the redmption of this letter of guarantee.

____

Authorized Signature

KOREA INSTITUTE BANK

제2절 상업송장

① 상업송장의 의의

상업송장은 매도인이 매수인 앞으로 발행하는 선적물품의 명세를 나타내는 물품출하안내서 및 물품의 가격계산서와 물품대금의 청구서 기능을 하는 서류이다. 또한 상업송장은 수입상에게는 수입구매서로서의 기능을 하며, 관세신고시 평가의 기초자료가 된다.

이러한 상업송장에는 매도인이 매수인 앞으로 발행하는 전형적인 상업송장(Commercial Invoice), 수출국의 영사가 물품의 명세와 가격을 확인하여 발행하는 영사송장(Consular Invoice) 및 매도인이 매수인에게 견적용으로 제시하는 견적송장(Pro-forma Invoice), 관세신고시 평가의 기초자료로 활용하기 위한 세관송장(Customs Invoice) 등 여러 가지가 있다.

신용장거래에 있어서 상업송장의 일반적인 수리요건은 다음과 같다.

- 신용장에 별도의 명시가 없는 한 수익자가 개설의뢰인 앞으로 작성한 것이어야 한다.
- 신용장과 상업송장 당사자는 상호 일치하여야 한다. 다만 양도가능신용장의 경우는 예외이다.
- 상업송장, 선화증권, 보험증권상의 기재내용은 상호 일치하여야 한다.
- 상업송장에는 신용장번호와 개설은행명이 기재되어 있어야 한다.
- 상업송장은 신용장금액 한도내에서 작성되어야 한다. 그러나 신용장금액을 초과하여 작성한 상업송장은 매입은행이 수리여부를 선택할 수 있으며, 매입은행이 수리한 경우 모든 당사자를 구속한다.
- 신용장과 상업송장의 상품명세는 일치하여야 한다. 또한 신용장이 특별히 허용하고 있지 않는 한 상품등급은 중고품이 아닌 A등급이어야 한다.
- 신용장금액, 단가, 수량 앞에 about, circa, approximate 등이 표시되어 있으면 10%의 상하 편차가 허용된다. 그러나 기간 등에는 이러한 용어를 사용할 수 없다.
- 광물, 곡물 등의 Bulk Cargo에는 아무런 표시가 없더라도 5%의 과부족편차가 허용된다.

상업송장의 일반적인 기재사항은 다음과 같다.

- 수출업자의 명의

- 수입업자의 명의
- 운송인의 명의
- 선적항/양륙항
- 출항일자
- 상업송장번호/발행일자
- 신용장번호/발행일자
- 신용장개설은행
- 물품의 명세
- 수량/순중량/총중량/용적
- 단가/총액
- 상업송장 작성자의 서명

② Commercial Invoice Model

Model 1 » Commercial Invoice

<table>
<tr><td colspan="2">Shipper/Exporter</td><td colspan="3">No. & date of Commercial Invoice</td></tr>
<tr><td colspan="2">For Account & Risk of :</td><td colspan="3">No. & date of L/C</td></tr>
<tr><td colspan="2">Notify party</td><td colspan="3">L/C Issuing Bank</td></tr>
<tr><td>Port of loading</td><td>Final destination</td><td colspan="3" rowspan="2">Remarks :
* COUNTRY OF ORIGIN :
* P.O. NO. :</td></tr>
<tr><td>Carrier</td><td>Sailing on or about</td></tr>
<tr><td>Marks and number of PKGS</td><td>Description of Goods</td><td>Quantity/Unit</td><td>Unit Price</td><td>Amount</td></tr>
<tr><td colspan="5">Signed by :
Korean Trading Co., Inc.
Gil Dong Hong
Gil Dong Hong
President</td></tr>
</table>

Model 2 » Commercial Invoice

<table>
<tr><td colspan="2">Seller :

Korean Trading Co., Inc.</td><td>INVOICE NO. ____________________

Date : ____________________________</td></tr>
<tr><td colspan="2">Buyer :</td><td>Reference :

Contract No. ______________________
(Order No. _______)</td></tr>
<tr><td>Vessel</td><td>Sailing on or about</td><td rowspan="2">Payment Term</td></tr>
<tr><td colspan="2">From To

(Via :)</td></tr>
<tr><td colspan="3">L/C No. Date Issuing Bank</td></tr>
<tr><td colspan="3">Marks and Nos. | Description of Goods No. & Kind of Packages | Quantity | Unit Price | Amount</td></tr>
<tr><td colspan="3">Total</td></tr>
<tr><td colspan="3">* Packing :
* Country of Origin :
* Remarks :

Korean Trading Co., Inc.
Gil Dong Hong
Gil Dong Hong
President</td></tr>
</table>

Model 3 Commercial Invoice

COMMERCIAL INVOICE

1. Shipper Export PUKYONG TRADING CO., LTD. C.P.O. BOX 1234 SEOUL, KOREA	8. No. & Date of invoice DH-2020-015 JULY 22, 2020
2. For Account & Risk of Messrs. THE YOUNG IMPORTING CO., INC. 2150 WEST 7TH ST. LOS ANGELES CA. 90019 U.S.A.	9. No. & Date of L/C 99/80000 JUNE 20, 2020
3. Notify Party Same AS ABOVE	10. L/C Issuing Bank THE BANK OF CALIFORNIA LOS ANGELES, CALIFORNIA, U.S.A.
4. Port of loading: Busan, KOREA 5. Final destination: LOS ANGELES, U.S.A. 6. Carrier: QUEEN V. 100 7. Sailing on or about: JULY 25, 2020	11. Remarks CONTRACT NO. : 2020-315

12. Marks & Nos. of p'kgs	13. Description of goods	14. Quantity/Unit	15. Unit price	16. Amount
AI LOS ANGELES C/NO 1001-11,000 MADE IN KOREA	COLOR TELEVISION DCT-1526	10,000SETS	US$500.00	US$5,000,000.00
AI LOS ANGELES C/NO 2020-7,000 MADE IN KOREA	REFRIGERATOR DRF-F600	5,000SETS	US$900.00	US$4,500,000.00
TOTAL		1,500SETS		US$9,500,000.00

17 C.P.O. BOX : 3415 SEOUL, KOREA
CABLE ADD : DHTRA SEOUL
TELEX NO: DHTRA K 28570
TELEPHONE : 778-2181-5
FACSIMILE : (82-2) 777-4040

18. Signed *Gil Dong Song*
Gil Dong Song
General Manager

Pukyong TRADING CO., LTD.

제3절 보험서류

1 보험서류의 의의

무역계약이 FOB, FCA 등인 경우 매수인이 부보하기 때문에 신용장거래에 있어서 선적서류의 매입시 보험서류를 요구하지 않으며, 무역계약이 CIF, CIP 등인 경우에만 매도인은 신용장이 요구하는 보험서류를 제공하여야 한다. 이러한 보험서류에는 보험증권(Insurance Policy), 보험증명서(Certificate of Insurance) 등이 있다.

보험증권은 보험계약이 성립하면 보험자가 보험계약자에게 발급하여 주는 서류이며, 보험계약의 증거로서의 기능이 있을 뿐 유가증권이나 계약서 자체는 아니지만 통상 배서 인도에 의해 양도된다.

또한 보험증명서는 주로 포괄예정보험에서 사용하는 증서로서 매번 보험계약시 마다 보험증권을 발행하는 불편을 해소하고자 하는 경우에 사용된다. 즉, 보험증명서는 선박명, 수량, 가격 등 중요한 사항이 미결정된 상태로 보험계약을 체결하는 경우에 발행되는 증서이며, 후에 이들 사항이 결정되면 확정된 보험증권을 발행 받게 된다. 그러나 실무적으로는 보험증명서로도 보험계약의 존재사실과 부보사실이 입증되므로 보험증권을 대신하여 제시하여도 인정되는 경우가 많다.

신용장거래에 있어서 보험서류의 일반적인 수리요건은 다음과 같다.

- 보험회사, 보험업자 또는 그 대리인이 발행하고 서명한 것이어야 한다. 그러므로 보험중개인이 발행한 부보각서(Cover Note)는 신용장이 허용하지 않는 한 수리거절된다. 그러나 보험회사, 보험업자 또는 그 대리인이 선서명하여 발행한 포괄예정보험(Open Cover)을 위한 보험증명서나 보험확인서(Declaration)는 수리된다.
- 발행된 보험서류 원본 전통의 제시
- 보험서류의 뒷면에 수익자의 백지배서가 있어야 한다.
- 신용장과 보험서류의 표시통화는 일치하여야 한다.
- 별도의 명시가 없는 한 보험금액은 보통 송장금액의 110%로 부보한다. 즉, 신용장통일규칙에서는 최저부보금액을 CIF나 CIP 가액의 110%로 규정하고 있다.
- 보험서류의 부보일자는 물품의 본선적재일, 수탁일 또는 발송일과 같거나 그 이전이

어야 한다.

- 보험서류의 종류 및 담보위험은 신용장조건과 일치하여야 한다. 그러나 신용장상에서 보험증명서나 보험확인서를 요구하더라도 보험증권을 대신 제시할 수 있다.
- 보험서류상의 상품명세는 신용장, 선화증권, 상업송장의 상품명세와 모순되어서는 않된다.

한편 보험증권에 기재되는 사항은 일반적으로 다음과 같다.

- 보험증권번호
- 피보험자/보험계약자의 명의
- 보험금액
- 보험조건
- 보험금 지급지
- 손해발생 통지처
- 최종 목적지와 운송수단
- 보험목적물의 명세
- 보험증권의 발행지와 발행일
- 보험증권의 발행부수
- 보험자의 서명
- 본문약관

❷ Insurance Document Model

Model 1 » Marine Cargo Insurance Policy

<table>
<tr><td colspan="2">ABC MARINE INSURANCE CO., INC.
123, 2-Ka, Chung Mu-Ro, Chung-Ku, Seoul, Korea
C.P.O. BOX 1234
Tel : 02-111-1111
Marine Cargo Insurance Policy</td></tr>
<tr><td colspan="2">Policy No. Assured(s), etc.</td></tr>
<tr><td>Claim, if any, payable at/in</td><td>Ref. No.</td></tr>
<tr><td>Survey should be approved by</td><td>Amount insured hereunder</td></tr>
<tr><td>Local Vessel or Conveyance From</td><td rowspan="5">Conditions and Warranties

Subject to the following Clauses as per back hereof</td></tr>
<tr><td>Ship or Vessel Sailing on or about</td></tr>
<tr><td>at and from Transhipped at</td></tr>
<tr><td>arrived at Thence to</td></tr>
<tr><td>Subject-matter Insured

Marks and Numbers as per Invoice No. specified above</td></tr>
<tr><td colspan="2">Place and Date signed in Numbers of Policies issued

AUTHORIZED SIGNATORY

For ABC MARINE INSURANCE CO., INC.</td></tr>
</table>

Model 2 » Marine Cargo Insurance Policy

<table>
<tr><td colspan="3">ABC MARINE INSURANCE CO., INC.
123, 2-Ka, Chung Mu-Ro, Chung-Ku, Seoul, Korea
C.P.O. BOX 1234
Tel : 02-111-1111
Marine Cargo Insurance Policy</td></tr>
<tr><td colspan="3">Policy No. 2020HG22035 Assured(s), etc. PUKYONG TRADING CO., LTD.</td></tr>
<tr><td colspan="2">Claim, if any, payable of
ABC MARINE INSURANCE CO., INC.,
L.A. BRANCH, 320 WEST 3RD ST. L.A.
CA 90023, U.S.A.
IN U.S. DOLLAR</td><td>Ref. No.
L/C NO. 99/80000
INV. NO. 오-2020-015</td></tr>
<tr><td colspan="2">Survey should be approved by
ABC MARINE INSURANCE CO., INC.,
L.A. BRANCH, 320 WEST 3RD ST. L.A.
CA 90023, U.S.A.</td><td>Amount insured
US$10,450,000.00
(US$9,500,000.00x110%)</td></tr>
<tr><td>Local Vessel or Conveyance</td><td>From</td><td rowspan="4">Conditions

Subject to the following Clauses as per back here of Institute Cargo Clause(ICC(A))
Special Replacement Clause (applying to machinery)
On-Deck Clause</td></tr>
<tr><td>Ship or Vessel
QUEEN V.100</td><td>Sailing on or about
JULY 25,2020</td></tr>
<tr><td>at and from
Busan, KOREA</td><td>Transhipped at</td></tr>
<tr><td colspan="2">arrived at
LOS ANGELES, U.S.A.</td></tr>
<tr><td colspan="3">Subject-matter Insured

10,000 SETS OF COLOR TELEVISIONSDCT-1526
5,000 SETS OF REFRIGERATORS DRF-F600

Marks and Numbers as per Invoice No. specified above</td></tr>
<tr><td>Place and Date signed in</td><td>SEOUL, KOREA
JULY 23, 2020</td><td>Numbers of Policies issued
DUPLICATE</td></tr>
<tr><td colspan="3">For ABC MARINE INSURANCE CO., INC.

AUTHORIZED SIGNATORY</td></tr>
</table>

Model 3 » Certificate of Marine Insurance

ABC MARINE INSURANCE CO., INC.

123, 2-Ka, Chung Mu-Ro, Chung-Ku, Seoul, Korea
C.P.O. BOX 1234, Tel : 02-111-1111

Certificate of Marine Insurance

No. 123456

Exporter's Reference
Ref. No. 54321

This is to certify that **ABC MARINE INSURANCE CO., INC.** has insured under Policy No. 456789 the undermentioned goods for the voyage and value stated on behalf of ········· **Korean Trading Co., Inc.**

Conditions of Insurance ICC(A)

Shipped(per Vessel, Aircraft, etc)	From(Commencement of Transit)	Insured Value and Currency
"Korean"	Busan	US$ 10,000
Via	To(Final Destination)	
Tokyo	New York	

Marks and Numbers | Subject-matter Insured

The insurer hereby confirms that this certificate of insurance will be, for the purpose of claims settlement, honoured as if it incorporated the Institute Cargo Clause(A). Claims payable in US$ in Korea.

Surveys

In the event of loss or damage for which the Company may be liable, immediate notice must be given to XXX Shipping Co. in order that a Surveyor may, if necessary, be appointed **claims** payable at **Seoul** by XXX Shipping Co.

This Certificate is not valid unless countersigned :

Korean Trading Co., Inc.	ABC MARINE INSURANCE CO., INC.
Gil Dong Hong	*William Cort*
Gil Dong Hong	William Cort

THIS CERTIFICATE REQUIRES ENDORSEMENT BY THE ASSURED IMPORTANT-See Over

제4절 포장명세서

1 포장명세서의 의의

포장명세서(Packing List)는 포장물품의 명세, 포장기법, 포장단위별 순중량·총중량, 포장상태, 화인 및 포장 일련번호 등을 기재한 서류를 말한다. 그러므로 이 포장명세서는 무역거래 관련 당사자들에게 포장, 운송, 통관 및 포장해체시 편의를 제공하는 기능이 있으므로, 선적서류의 필수서류는 아니지만, 신용장거래에 있어서 상당히 중요한 기능을 하는 서류이다.

포장명세서에 일반적으로 기재되는 사항은 다음과 같다.

- 물품 명세
- 수출업자의 명의 : 수출승인서의 수출업자 명의를 기재
- 수입업자의 명의
- 운송인의 명의
- 선적항/양륙항
- 운송수단 : 운송수단의 명의와 선적일자를 기재
- 화인/포장 일련번호
- 수량/순중량/총중량/용적
- 상업송장번호/금액/일자
- 포장명세서 작성자의 서명

❷ Packing List Model

Model 1 » Packing List

Seller :

Korean Trading Co., Inc.

PACKING LIST NO.

Buyer :

INVOICE NO. ________________

Date : ________________

Vessel

Sailing on or about

Reference :

Contract No. ________________

(Order No. _______)

From To

(Via :)

L/C No. Date Issuing Bank

Marks and Nos.	Description of Goods No. & Kind of Packages	Net Weight	Gross Weight	Measurement
	Total			

* Packing :
* Country of Origin :
* Remarks : The country of origin has been marked
on the surface of each package

Korean Trading Co., Inc.

Gil Dong Hong

Gil Dong Hong

President

Model 2 » Packing List

PACKING LIST

1. Shipper Export PUKYONG TRADING CO., LTD. C.P.O. BOX 1234 SEOUL, KOREA	8. No. & Date of invoice DH-2020-015 JULY 22, 2020
2. For Account & Risk of Messrs. THE YOUNG IMPORTING CO., INC. 2150 WEST 7TH ST. LOS ANGELES CA. 90019 U.S.A.	9. Remarks L/C No.: 99/8000 CONTRACT NO.: CT 2020-315
3. Notify Party Same AS ABOVE	
4. Port of loading Busan, KOREA / 5. Final destination LOS ANGELES, U.S.A.	
6. Carrier QUEEN V. 100 / 7. Sailing on or about JULY 25, 2020	

10. Marks & Nos. of p'kgs	11. Description of goods	12. Quantity	13. Net-weight	14. Gross-weight	15. Measurement
AI LOS ANGELES C/NO 1001-11,000 MADE IN KOREA	COLOR TELEVISION DCT-1526	10,000SETS	370,000KG 37KG/SET	400,000KG 40KG/SET	2,400CBM 0.24CBM/SET
AI LOS ANGELES C/NO 2020-7,000 MADE IN KOREA	REFRIGERATOR DRF-F600	5000SETS	600,000KG 120KG/SET	650,000KG 130KG/SET	5,700CBM 1.14CBM/SET

16. C.P.O. BOX : 3415 SEOUL, KOREA
CABLE ADD : DHTRA SEOUL
TELEX NO : DHTRA K 28570
TELEPHONE : 778-2181-5
FACSIMILE : (82-2) 777-4040

17. Signed *Gil Dong Song*
Gil Dong Song
General Manager

Pukyong TRADING CO., LTD.

제5절 원산지증명서

1 원산지증명서의 의의

원산지증명서(Certificate of Origin)는 수출물품의 원산지 국가를 표시한 서류를 말한다. 이 원산지증명서는 수출물품의 원산지 국적을 입증하는 서류이며, 수출물품의 품질을 증명하는 기능이 있고, 이 기능으로 인해 물품의 가격결정, 통관 등에 있어서 매우 중요한 서류이다.

원산지증명서에 일반적으로 기재되는 사항은 다음과 같다.

- 물품 명세
- 원산지 국가
- 수출업자의 명의 : 수출승인서의 수출업자 명의를 기재
- 수입업자의 명의
- 운송인의 명의
- 선적항/양륙항
- 운송수단 : 운송수단의 명의와 선적일자를 기재
- 화인/포장 일련번호
- 수량/순중량/총중량/용적
- 상업송장번호/발행일자
- 원산지증명서 발급기관 및 서명

② Certificate of Origin Model

Model 1 » Certificate of Origin

<table>
<tr><td colspan="2">1. Seller

FICO TRADING COMPANY
ROOM NO. 102 HANYANG TOWER BLDG
150-6 GEOJEDONG DONGNAEKU
Busan, SOUTH KOREA</td><td>CERTIFICATE OF ORIGIN
issued by
THE Busan CHAMBER OF COMMERCE & INDUSTRY
Busan, Republic of Korea

원 산 지 증 명 서
부산상공회의소</td></tr>
<tr><td colspan="2">2. Consignee

TO ORDER OF THE KWANGTUNG
PROVINCIAL BANK</td><td>4. Buyer

SIOW CHIANG & CO. PTE LTD
30 UBI ROAD 4 SINGAPORE 1440</td></tr>
<tr><td colspan="2" rowspan="2">3. Particulars of Transport(where required)
BY SEA
FROM : Busan, SOUTH KOREA
TO : SINGAPORE</td><td>5. Country of orign

REPUBLIC OF KOREA</td></tr>
<tr><td>6. Invoice Number and Date

FIO50SCC, APPRIL 20, 2020</td></tr>
<tr><td>7. Shipping Marks

SCK

SINGAPORE
ITEM NO :
C/T NO :
MADE IN KOREA</td><td>8. Number and kind of Packages
Description of Goods

FIDHING TACKLE
“L/C NO. 211LC500132”
/////////////////////////////////////</td><td>9. Gross Weight or
Other Quantity

1,300pcs F/rods
(65C/TNS)
/////////////////////////</td></tr>
<tr><td colspan="3">10. Other Information
The Busan Chamber of Commerce & Industry hereby certifies on the basis of relevant invoice and other documents that the above mentioned goods originate in the country shown in column 5.

THE BUSAN CHAMBER OF COMMERCE & INDUSTRY</td></tr>
</table>

Model 2 » Certificate of Origin

<table>
<tr><td colspan="2">1. Seller :

Korean Trading Co., Inc.</td><td colspan="2">**Certificate of Origin No. _____**
issued by
The Korea Chamber of Commerce & Industry, Seoul, Republic of Korea

원 산 지 증 명 서
대한상공회의소</td></tr>
<tr><td colspan="2">2. Consignee :</td><td colspan="2">4. Buyer(if other than consignee)</td></tr>
<tr><td colspan="2" rowspan="2">3. Particulars of Transport (where required)

From :

To :</td><td colspan="2">5. Country of Origin

R.O.K</td></tr>
<tr><td colspan="2">6. Invoice No. and Date</td></tr>
<tr><td>7. Shipping Marks</td><td colspan="2">8. Description of Goods
No. & Kind of Packages</td><td>9. Gross Weight or other Quantity</td></tr>
<tr><td colspan="4">The Korea Chamber of Commerce & Industry hereby certifies, on the basis of relevant invoice and other documents, that the above mentioned goods originate in the country shown in column 5.

THE KOREA CHAMBER OF COMMERCE & INDUSTRY</td></tr>
</table>

무역결제와 관련된 서류

제 11 장

제1절 신용장

① 신용장의 의의

신용장(L/C : Letter of Credit)이란 그 명칭이나 표현에 관계없이 신용장개설의뢰인(수입업자)의 요청과 지시에 따라 행동하는 개설은행이 신용장 조건에 일치하는 선적서류의 제시가 있으면 개설의뢰인의 대금지급여부에 관계없이 개설은행이 지급, 연지급, 인수, 매입을 확약하는 조건부 보증서이다.

이러한 신용장은 수출업자, 수입업자 및 은행에게 많은 효용성이 있기 때문에 무역결제수단으로써 가장 광범위하게 사용되고 있다. 신용장의 효용성은 다음과 같다.

1) 수출업자의 효용

- 개설은행의 대금지급 보증에 의해 신용위험을 제거할 수 있다.
- 신용장조건에 일치하는 선적서류의 제시에 의해 선적후 즉시 수출대금을 회수할 수 있다.
- 신용장의 접수에 의해 안정적으로 주문을 확보할 수 있다.
- 신용장을 담보로 무역어음을 발행하여 선적전에 쉽게 금융혜택을 받을 수 있다.

2) 수입업자의 효용

- 신용장에 의해 안정적으로 수출업자가 의무를 이행하게 함으로써 상업위험을 제거할 수 있다.

- 개설은행의 신용으로 수입업자 자신의 신용이 제고되어 보다 저렴한 가격으로 물품 수입이 가능하다.
- 신용장을 이용함으로써 수입금융 또는 신용공여(외상수입)의 금융혜택(무역금융)을 받을 수 있다.

3) 은행의 효용

- 개설은행은 수출업자에게 대금지급을 확약하여 주고, 이에 따르는 위험과 비용을 수입업자에게 전가시킴으로써 금전적 수입을 획득한다.
- 매입은행은 신용장조건에 일치하는 선적서류를 매입함으로써 담보권을 획득하여 대금 미회수의 불확실성을 제거하고, 서비스 제공에 따르는 금전적 수입을 획득한다.

② Letter of Credit Model

Model 1 » Application for Commercial Letter of Credit

〈APP700-20〉 **취소불능화환신용장 개설신청서**

(Irrevocable Documentary Credit Application)

Except so far as otherwise expressly stated, this documentary credit is subject to the Uniform Customs and Practice for Documentary Credits(2007 Revision) International Chamber of Commerce (Publication No. 600)

문서/전자 문서번호	: MD180802NU21
전자문서 기능표시	: Original
전자문서 응답유형	: Message acknowledgement
전자문서 접수번호	: 10022117801M0001
전자문서 및 시간	: 2019-02-21 12:31:53
〈일반정보〉	
개설 신청 일자	: 2019/02/21
개설 방법	: By full cable
운송 방법	: Sea/Air
개설 (의뢰) 은행	: D180 우리은행 양산지점

(희망) 통지 은행	: STANDARD CHARTERED BANK NANJING BRANCH SWIFT : SCBLCNSXNJG
신용 공여 주체	: Banker's
수입승인	: (수입승인번호) (통화) (금액)
기타 정보	: 위와 같이 수입신용장발행을 신청함에 있어서 따로 제출한 수입거래약정서의 각 조항에 따를 것을 확약하며 아울러 위 수입화물에 대한 모든 권리를 귀행에 양도하겠습니다.

------------------------ 《스위프트》 ------------------------

40A	Form od Documentary Credit	: IRREVOCABLE
31D	Date and Place of Expiry (Place)	: (Date) 2019/03/20 CHINA
50	Applicant	: HS CO., LTD 134-7, SANMAK-DONG, YANSAN-SHI, KYUNG NAM, 626-110 KOREA
59	Beneficiary	: A-STAR CHEMICAL GROUP LIMITED 7/F KIN ON COMM BLDG 49-51 JERVOIS ST. SHEUNG WAN HONGKONG
32B	Currency Code, Amount	: USD 204,000.00
39A	Percentage Credit Amount Tolerance	:
39C	Additional Amounts Covered	:
42C	Drafts at ...	: 120 DAYS AFTER SIGHT
42M	Mixed Payment Details	:
42P	Deferred Payment Details	:
43P	Partial Shipment	: ALLOWED
43T	Transhipment	: PROHIBITED
44E	Port of Loading/Airport of Departure	: CHINA
44F	Port of Discharge/Airport of Destination	: BUSAN, KOREA
44C	Latest Date of Shipment	: 2019/03/15
44D	Shipment Period	

45A Description of Goods and/or Services :
CMB(RUBBER)
H-5604
17,000KGS USD 1.20/KG USD20,400.00
(Terms of price) CIF
(Place of terms of price) BUSAN
(Country of origin) CN P.R.CHINA

46A Documents Required
+SIGNED COMMERCIAL INVOICE IN 3 COPIES
+FULL SET OF CLEAN ON BOARD OCEAN BILLS OF LADING MADE OUT TO THE ORDER OF WOORI BANK
MARKED FREIGHT PREPAID AND NOTIFY APPLICANT
+FULL SET OF INSURANCE POLICIES OR CERTIFICATES, ENDORSED IN BLANK FOR 110% OF THE INVOICE VALUE, EXPRESSLY STIPULATING THAT CLAIMS ARE PAYABLE IN KOREA AND IT MUST INCLUDE : INSTITUTE CARGO CLAUSE ALL RISKS.
+PACKING LIST IN 3 COPIES
+OTHER DOCUMENT(S)

47A Other Additional Conditions :
ALL DOCUMENTS MUST BEAR OUR CREDIT NUMBER
A) BENEFICIARY MUST SEND ONE SET OF NON-NEGOTIABLE SHIPPING DOCUMENTS DIRECTLY TO THE APPLICANT BY DHL 3DAYS AFTER SHIPMENT.
B) B/L MUST BE INDICATED FULL ADDRESS AND TEL NO. OF SHIPPING COMPANY OR AGENT IN KOREA

71B Charges : ALL BANKING COMMISSIONS AND CHARGES INCLUDING REIMBURSEMENT CHARGES OUTSIDE KOREA ARE FOR ACCOUNT OF BENEFICIARY

48 Period for Presentation : DOCUMENTS TO BE PRESENTED WITHIN 15 DAYS AFTER THE DATE OF SHIPMENT BUT WITHIN THE VALIDITY OF THE CREDIT

49 Confirmation Instructions : WITHOUT

위와 같이 수입신용장 발행을 신청함에 있어서 위 기재사항이 수입허가(승인)사항과 틀림없음을 확인하고 따로 제출한 수입거래약정서의 각 조항에 따를 것을 확약하며 아울러 위 수입화물에 대한 모든 권리를 귀행에 양도하겠습니다.

Model 2 » Application for Irrevocable Documentary L/C

Please advise by :	L/C No.
I/L No.	Date and place of expiry
Applicant	Beneficiary
Advising bank	Amount
Settling bank	
Partial shipments □ allowed □ not allowed / Transhipment □ allowed □ not allowed	Tenure of draft/payment at : (Usance L/C only) □ Banker's usance □ Shipper's usance
Loading on board/dispatch/taking in charge from/at not later than for transportation to	

DOCUMENTS :

- □ Signed commercial invoice in fold
- □ Full set of clean "On Board" ocean Bills of Lading made out to the order of The Korea Development Bank marked "Freight Collect" and "Notify ".
- □ Air Waybill(s) consigned to The Korea Development Bank marked "Freight Collect" and "Notify Accountee"
- □ Insurance policy or certificate in duplicate endorsed in blank for 110% of the invoice value, stipulating that claims are payable in the currency of the invoice, indicating a claims setting agent in Korea and covering Institute Cargo Clauses :
- □ Packing list in triplicate

Covering :

HS No.	Description of Goods	Quantity	Unit Price	Amount
	Origin :	Price Term :		

Special conditions and other required documents(if any)

Unless otherwise expressly stated, all banking commissions and charges outside Korea are for account of

Documents to be presented within days after the date of issuance of the transport documents but within the validity of the credit.

This Documentry Credit is subject to the Uniform Customs and Practice for Documentry Credit(2007 Revision, International Chamber of Commerce, Publication No. 600)

Model 3 » Irrevocable Documentry L/C

XXX Bank
----- L.A. 105, U.S.A.

August 30, 2020
Documentary L/C No. 11111

Irrevocable Commercial
YYY Trading Co., Ltd.
Busan, South Korea

Gentlemen :

We hereby authorize you to value on XXX Bank, L.A. for account of ZZZ Company, L.A. 106 up to an aggregate amount of US$ 6,700.00(US Dollars Six Thousand Seven Hundred only) available by your drafts at 30 days after sight for 100% invoice value of merchandise to be described in the invoice as Foodwear, FOB Busan, South Korea, accompanied by

1. Signed commercial invoice in triplicate
2. Full set of clean on board Bills of Lading, made out to order of XXX Bank, L.A. marked notify ZZZ Company, L.A. evidencing shipment from Busan, South Korea to L.A. during the month of September, 2020
3. Packing list in triplicate
4. Customs invoice in duplicate

Insurance to be effected by ZZZ Company

Partial shipments are prohibited, Transhipment permitted

Documents must be presented to negotiating bank within 10 days after the date of issuance of bills of lading.

Drafts must bear the following clause ; Drawn under XXX Bank, L.A. Irrevocable Credit No. 11111 dated August 30, 2020

Negotiation of this L/C is restricted to the AAA bank.

We hereby agree with the drawers, endorsers and bona fide holders of drafts drawn under and in compliance with the terms of this credit, that such drafts will be duly honored on due presentation to the drawee if negotiated on or before October 10, 2020

This credit is subject to the Uniform Customs and Practice for Documentary Credits(2007 Revision), International Chamber of Commerce(Publication No. 600).

Authorized Signature

Model 4 » Irrevocable Documentry L/C

<table>
<tr><td colspan="2">Irrevacable Documentary Credit</td><td>L/C No. 1234/20</td><td>Date of issue :
2-6-2019</td></tr>
<tr><td colspan="2">ADVISING BANK

We request you to notify this L/C to the Beneficiary BBB Bank, Busan. Advise this L/C thru Korea Exchange Bank, Busan Branch.</td><td colspan="2">APPLICANT

SSS Co., Ltd.
227 Ubi Avenue 4, Singapore</td></tr>
<tr><td colspan="2" rowspan="2">BENEFICIARY

YYY Co. P.O. Box No. 210,
Busan, South Korea</td><td colspan="2">AMOUNT

US$12,340-00(US Dollars Twelve Thousand Three Hundred and Forty Only)</td></tr>
<tr><td colspan="2">EXPIRY

Date : 31-7-2019</td></tr>
<tr><td>PARTIAL SHIPMENT
☐ allowed
☐ not allowed</td><td>TRANSHIPMENT
☐ allowed
☐ not allowed</td><td colspan="2" rowspan="2">Credit available by NEGOTIATION
☐ ACCEPTANCE
☐ PAYMENT

against presentation of the documents detailed herein and of your drafts at sight drawn on applicant for 100% invoice value.</td></tr>
<tr><td colspan="2">SHIPMENT FROM : Busan, South Korea
TO : Singapore
LATEST : 16-7-2019</td></tr>
<tr><td colspan="4">Documents required are marked with an "X" (in triplicate unless otherwise specified)
☐ Signed commercial invoice. in 4 copies
☐ Weight/Packing List.
☐ Marine insurance policy or certificate endorsed in blank, for 110% of the invoice value, covering Institute Cargo Clauses
☐ Full set of clean "On Board" ocean bills of lading made out to the order of AAA BANK marked freight /TO COLLECT and notify applicant.

☐ EVIDENCING SHIPMENT OF:
Fishing bells as per prof. inv. no. KR-9305-024
Paternosters as per prof. inv. no. KR-9304-016
FOB Busan, South Korea</td></tr>
<tr><td colspan="4">OTHER TERMS AND CONDITIONS

All banking charges outside Singapore including reimbursement charges are for account of beneficiary.
One set of non-negotiable shipping documents must be airmailed to buyer immediately after shipment and a certificate to this effect must accompany the documents for negotiation.
All documents must indicate L/C number.
Documents must be presented for negotiation within 15 days after shipment date and within the credit validity.
This L/C is transferable in South Korea only. The transferring bank must advise the issuing bank by tested telex the name & address of the transferee on the day the transfer is effected.
Third party documents acceptable.
Negotiation of this L/C is restricted to the BBB Bank, Busan.</td></tr>
</table>

Model 5 » 취소불능화환신용장

* Advice Br : 동수원지점
Advice of
Issue of Documentary Credit

* Advice Date : 2019.02.02(FAX/1078084)
* Advice No : A-0662-002-00445(OP)
* Credit No : 411010290200

* Beneficiary : TEL. 031-224-7579
KEUMJUNG CO., LTD
1029-1 KWONSUN-DONG, KWONSUN-KU, SUWON

* Applicant :
PO. INT. ER. SRL
VIA MONTE DI PIETA 2
10121 TORINO TO
ITALY

* Amount : EUR 27,200.00

* EXPIRY Date : 2019.03.12
* Receipt No : 20190202-7-0000615-00
* Sender's Bank : UNCRITMM

* Issuing Bank : UNCRITMM
UNICREDIT SPA, MILAN
PIAZZA CORDUSIO
20123 MILANO
MI, ITALY

Gentlemen :
At the request of the issuing bank, and without any engagement or responsibility on our part, we are plased to inform you that we have received the following AUTHENTICATED teletransmission dated 2019.02.01

: 700 ISSUE OF A DOCUMENTARY CREDIT

: 27 Sequence of Total	: 1/1
: 40A Form of Documentary Credit	: IRREVOCABLE
: 20 Documentary Credit Number	: 411010290200
: 31C Date of Issue	: 100201
: 40E Applicable Rules	: UCP LATEST VERSION
: 31D Date and Place of Expiry	: 100312KOREA
: 51D Applicant Bank	: UNICREDIT BANCA SPA C.TEST. PIE. VDA/TO
: 50 Applicant	: PO. INT.ER. SRL VIA MONTE DI PIETA 2 10121 TORINO TO ITALY
: 59 Beneficiary	: KEUMJUNG CO., LTD 1029 1 KWONSUN DONG, KWONSUN KU, SUWON, KYUNGHI 441 390 KOREA
: 32B Currency Code, Amount	: EUR27200,
: 39B Maximum Credit Amount	: NOT EXCEEDING
: 41A Available With ... By ...	: UNCRITMM BY PAYMENT

: 43P Partial Shipment : PROHIBITED
: 43T Transshipment : ALLOWED
: 44A Place of taking in Charge/Dispatch fro : SUWON, KYUNGHI KOREA
44E Port of Loading/Airport of Departure : ANY KOREAN PORT
44F Port of Discharge/Airport of Destination : GENOVA PORT, ITALY
: 44C Latest Date of Shipment : 100225
: 45A Description of Goods and/or Services:

HIESCAT HI 54K 16,000 KGS AT EUR 1, 70/KG FOR TOTAL AMOUNT OF EUR 27,200.00 GOODS AS PER P/O NO. 47 AND PROFORMA INVOICE NO. KJC 10 0210 DATED 26JAN2019. GOODS DELIVERED CIF GENOVA PORT.

: 46A Documents Required

+ HAND SIGNED AND DATED COMMERCIAL INVOICES IN 3 FOLDS.
+ FULL SET (3/3)CLEAN ON BOARD BILL OF LADING ISSUED TO THE ORDER AND BLANK ENDORSED. NOTIFY TO THE APPLICANT (FAX NO. +39118608). MARKED FREIGHT PREPAID.
+ CERTIFICATE OF ORIGIN/GSP FORM A ISSUED BY LOCAL AUTHORITIES STATING THE KOREAN ORIGIN OF THE GOODS.
+ PACKING LIST IN 3 FOLDS.
+ WEIGHT LIST IN 3 FOLDS.
+ INSURANCE POLICY OR CERTIFICATE ISSUED IN DUPLICATE AND IN NEGOTIABLE FORM COVERING 110 PCT OF CIF INVOICE AMOUNT COVERING ALL RISK AS PER I.C.C. 1/01/82 CLAUSE (A) INCLUDING WAR, MINES, TORPEDOES, S.R.C.C., T.P.N.D., FROM SELLER'S WAREHOUSE TO BUYER'S WAR EHOUSE, STATING LOSSES AND DAMAGES PAYABLE IN ITALY.
+ CERTIFICATE OF ANALYSIS IN 3 FOLDS.
+ BENEFICIARY'S CERTIFICATE CERTIFYING THAT THEY HAVE FAXED TO APPLICANT AND TO ADVICING BANK ALL SHIPMENT DETAILS WITHIN THREE DAYS AFTER SHIPMENT DATE.

: 47A Additional Conditions

A) A DISCREPANCY FEE OF EUR 75, 00 OR EQUIVALENT WILL BE DEDUCTED FROM THE PROCEEDS OF EACH SET OF DOCUMENTS WITH DISCREPANCIES PRESENTED UNDER THIS CREDIT. THIS STATEMENT IS NOT CONSTRUED TO MEAN THAT DOCUMENTS WITH DISCREPANCIES WILL BE HONOURED BY US, NOR THAT, IN THE EVENT OF PAYMENT DESPITE DISCREPANCIES, SIMILAR DISCREPANCIES IN FUTURE DRAWINGS WILL BE WAIVED. THE DISCREPANCY FEE IS ALWAYS FOR BENEFICIARY'S ACCOUNT.
B) PLS SEND ALL YR CORRESPONDENCE TO SWIFT CODE UNCRIT2BZ01 ALWAYS QUOTING OUR L/C NUMBER
C) PLS SEND DOCUMENTS REQUIRED IN TWO SEPARATE SETS ALMOST ONE BY COURIER SERVICE.
D) IT IS AN AMENDMENT TO THE PROVISIONS OF UCP 600, A PRESENTATION TO THE ISSUING BANK WILL BE DEEMED AS CORRECTLY EFFECTED ONLY IF THE DOCUMENTS ARE SENT TO THE ADDRESS DETAILED BELOW. MAILING TO ANY OTHER ADDRESS IS NOT ALLOWED. ADDRESS UNICREDIT BANCA SPA. CENTRO ESTERO PIEMONTE NORD E VALLE AOSTA 4581. VIA NIZZA, 150 10126 TORINO ITALY.

: 71B Charges	: ALL COMMS AND CHARGES OUTSIDE ITALY INCLUDING REIMBURSEMENT CHARGES ARE FOR BENEFICIARY'S ACCIONT.
: 48 Period for Presentation	: WITHIN 15 DAYS AFTER SHIPMENT DATE BUT WITHIN L/C VALIDITY
: 49 Confirmation Instructions	: WITHOUT
: 78 Inst. to the Pay/Accept/Negotiate Bank	: UPON RECEIPT OF STRICTLY CONFORM DOCUMENTS AT OUR COUNTERS WE SHALL REMIT PROCEEDS TO PRESENTING BANK AS PER THEIR INSTRUCTIONS.
: 72 Sender to Receiver Information	: PLS ADVICE PRESENT L/C THROUGH YOUR TONGSUWON BRANCH. BENEFICIARY'S ACCOUNT NUMBER 254 55D 101132 4

Please note that we reserve the right to make such corrections to this advice as may be necessary upon receipt of the cable confirmation and assume no responsibility for any errors and/or omissions in the transmission and/or translation of the teletransmission. and for any forgery and/or alteration on the credit.

If the credit is available by negotiation, each presentation must be noted on the reverse of this advice by the bank where the credit is available.

THIS ADVICE IS SUBJECT TO THE UNIFORM CUSTOMS AND PRACTICE FOR DOCUMENTARY CREDITS (2007 REVISION, ICC PUBLICATION NO. 600)

Model 6 》 수입신용장조건 불일치에 관한 조회

한 국 협 회 은 행

수입신용장조건불일치에 관한 조회

______________앞

신용장번호	
금　　액	

귀하의 신청에 의하여 발행된 위 수입신용장에 따른 수입환어음 또는 선적서류의 매입, 지급, 인수와 관련하여 아래와 같이 신용장 조건과 불일치한 내용이 있어 이에 대한 귀하의 동의 여부를 조회하니 조속히 회보하여 주시기 바라며 이 조회장의 발송일자로부터 7일이내에 회보가 저희 은행에 도착하지 않을 경우에는 매입, 지급, 인수에 동의한 것으로 보겠습니다.

불일치내용 :

20　　년　　월　　일

한국협회은행　　　　지점(부)

…………절…………취…………선…………

한국협회은행　　　　　지점(부)앞

신용장번호	
금　　액	

20　　년　　월　　일자 귀행의 조회에 관하여 위 수입신용장에 따른 수입환어음 또는 선적서류의 매입, 지급, 인수에 □ 동의 □ 거절 하니 필요한 조치를 취하여 주시기 바라며 이로 말미암아 생기는 비용과 명백한 책임이 없는 손해는 본인이 부담하겠습니다.

20　　년　　월　　일

본 인
주 소　　　　㉑

인감대조

은행사용란	처리일자 20　　년　　월　　일	담 당	책 임 자

제2절 환어음

1 환어음의 의의

환어음(Drafts, Bill of Exchange)이란 채권자인 어음발행인(수익자)이 채무자인 어음지급인(개설의뢰인 또는 개설은행)에 대하여 그 채권금액 전부를 지시인 또는 소지인에게 무조건적으로 지급할 것을 지시하는 요식・유가・유통증권이다.

환어음의 종류는 다음과 같다.

- 화환어음 : 선적서류가 첨부된 환어음
- 무담보환어음 : 선적서류가 첨부되지 않은 환어음
- 일람출급환어음 : 일람 즉시 지급되는 환어음
- 기한부환어음 : 일람 후 일정기간이 경과하여 지급되는 환어음
- 은행환어음 : 지급인이 은행으로 되어 있는 환어음
- 개인환어음 : 지급인이 개설의뢰인과 같이 개인으로 되어 있는 환어음
- 상환청구가능환어음 : 환어음에 대한 지급거절이 있는 경우 환어음을 매입한 은행이 어음발행인에게 대금상환을 청구할 수 있는 환어음
- 상환청구불능환어음 : 환어음에 대한 지급거절이 있는 경우 환어음을 매입한 은행이 어음발행인에게 대금상환을 청구할 수 없는 환어음

이러한 환어음의 기재사항은 다음과 같다.

- 어음문구 중에 환어음(Bill of Exchange)의 표시
- 무조건적인 지급지시문언
- 지급인의 명의
- 지급일과 지급지의 표시
- 지급받을 자 또는 지급받을 자를 지시할 자의 표시
- 발행일 및 발행지의 표시
- 발행인의 기명날인 및 서명

❷ Bill of Exchange Model

Model 1 ≫ Bill of Exchange

BILL OF EXCHANGE

No. : 1234 Date : Aug. 8, 2020, Korea
For : US$10,000

At__Sight__ of this FIRST BILL OF EXCHANGE (second of the same tenor and date being unpaid), pay to the order of ABC BANK, the sum of :

US$ TEN THOUSAND ONLY

value received and charge this same to account of American Trading Co., Inc. drawn under Letter of Credit No. __________dated __________
issued by ____
____

Korean Trading Co., Inc.

To : ______________________________
____

AUTHORIZED SIGNATURE

Model 2 ≫ Bill of Exchange

BILL OF EXCHANGE

Exchange for : Date : July 20, 2020 :
Seoul, Korea

At__Sight__against this FIRST BILL OF EXCHANGE (second unpaid) pay to the order of

The sum of :

value received under Letter of Credit No. __________dated __________
issued by ____
____

To : ______________________________ Korean Trading Co., Inc.
______________________________ AUTHORIZED SIGNATURE

핵심문제

＊ 다음 문항의 정답을 고르시오.

1. 다음 영문 용어의 뜻이 맞지 않은 것을 고르시오.

① expiry date : 유효 기일
② transhipment : 할부 선적
③ shipping date : 선적 기일
④ partial shipments : 분할 선적

해설
· transhipment : 환적

2. "restricted L/C"의 뜻과 반대되는 것을 고르시오.

① sight L/C
② reimbursing L/C
③ general L/C
④ special L/C

3. 다음 용어의 뜻이 맞지 않는 것 하나를 고르시오.

① certificate of origin ------ 포장명세서
② insurable value ------ 보험가액
③ bill of lading ------ 선화증권
④ combined transport -- 복합운송

해설
· certificate of origin : 원산지증명서

4. "foul B/L"라는 용어의 뜻과 반대되는 것을 고르시오. 〈국제무역사 3회〉

① clean B/L
② dirty B/L
③ straight B/L
④ order B/L

해설
· foul B/L : 고장부 선화증권(= dirty B/L), 포장, 수량 등에 하자가 있는 상태로 발행된 선화증권이다.

5. 다음 중 무역용어를 잘못 해석한 것을 고르시오. 〈2002-1회, 1급〉

① straight B/L – 무기명식 선화증권 ② stale B/L – 기간경과 선화증권
③ order B/L – 지시식 선화증권 ④ on board B/L – 적재필 선화증권

6. 다음 설명과 관련이 있는 것을 고르시오. 〈50회, 1급〉

Buyer may take possession of the goods when the goods arrive prior to the documents.

① trust receipt ② shipping request
③ mate's receipt ④ letter of guarantee

해설
· take possession of the goods : 물품을 점유하다. · trust receipt : 대도(T/R)
· shipping request : 선복신청서(S/R) · mate's receipt : 본선수취증(M/R)
· letter of guarantee : 수입화물 선취보증서(L/G)

7. 다음 설명과 관련이 있는 것을 고르시오. 〈59회, 1급〉

A bill of lading which does not have the printed full terms and conditions of the contract of carriage but instead contains a reference to the carrier's conditions, normally stating that a copy is available on request.

① stale B/L ② short form B/L ③ red B/L ④ local B/L

해설
· on request : 요청 즉시
· red B/L : 적색 선화증권, 선화증권 뿐만 아니라 보험증권의 기능도 포함하고 있는 선화증권이다.
· local B/L : 내국선화증권, 국내 연안 및 내수로운송에 사용되는 선화증권이다.

8. 다음 설명과 가장 관련이 있는 것을 고르시오. 〈2007-2회, 1급〉

A transfer of B/L made out to ones order passes such right in the goods as the parties intended to pass e.g. the property.

① Straight B/L ② Clause B/L ③ Clean B/L ④ Order B/L

9. 다음 문장의 밑줄 친 단어와 같은 뜻으로 쓰인 것을 고르시오. 〈57회, 1급〉

A Documentary Credit gives the exporter a promise of payment in exchange <u>for documents that represent the goods</u>.

① documents required ② documents in order
③ commercial invoice ④ documents of title

해설

· in exchange for ~ : ~와 상환으로 · documents of title : 권리증권

10. 다음 설명과 관련이 없는 것을 고르시오. 〈2004-2회, 1급〉

Full set of clean on board ocean B/L made out to order of Samsung Company.

① Order B/L ② Clean B/L ③ Straight B/L ④ Shipped B/L

11. 운송관련서류를 선적절차에 따라 발행되는 순서대로 올바르게 나열한 것은? 〈2015-1회, 1급〉

1) S/R	2) B/L	3) M/R	4) Tally Note	5) B/N

① 5) – 1) – 3) – 2) – 4) ② 5) – 4) – 3) – 2) – 1)
③ 1) – 5) – 3) – 4) – 2) ④ 1) – 5) – 4) – 3) – 2)

12. 선화증권의 종류 중 일부를 설명하고 있다. 올바르게 연결된 것은? 〈2015-1회, 1급〉

> a) 선화증권과 보험증권을 결합한 형태의 선화증권으로, 선화증권에 기재된 화물에 사고가 발생하면 선사가 이를 보상해 주는 선화증권
> b) 신용장상 서류제시기한을 경과하여 그 유효성에 의문이 있는 선화증권
> c) 송화인의 요청에 따라 권리증권으로서의 기능을 배제하여 선화증권 원본없이 수화인(수입상)이 물품을 인수할 수 있도록 하기 위해 업계의 편의상 이용되는 선화증권

① a) Red B/L b) Surrender B/L c) Stale B/L
② a) Switch B/L b) Stale B/L c) House B/L
③ a) Red B/L b) Stale B/L c) Surrender B/L
④ a) Switch B/L b) Red B/L c) Short Form B/L

13. 운송계약의 당사자인 운송인은 용선자가 아니라 선주 또는 선박임차인이고, 선화증권의 효력이 선화증권 소지인과 선주 간에만 미치므로 운송 중 화물의 손해에 대해 용선자는 아무런 책임도 부담하지 않는다는 취지의 조항은? 〈2016-1회, 1급〉

① Jason Clause ② Himalaya Clause
③ Demise Clause ④ Indemnity Clause

해설

· Demise Clause[디마이즈약관] : 선화증권의 계약 당사자는 오직 선주이며, 용선자는 선주의 대리인(agent)에 불과하다는 뜻을담고 있다. 용선자가 자신의 선화증권을 발급하면서 모든 화물 수송 책임을 선주에게 전가시키기 위한 것으로 선화증권 계약 당사자를 선주로 명시하는 조항이다.

14. The following explains a Bill of Lading. What kind of B/L is it? 〈2016-2회, 1급〉

> This B/L is issued by forwarding agents who consolidate several cargoes belonging to different owners or forming the subject-matter of different export transaction in one consignment.

① Groupage B/L
② Red B/L
③ Stale B/L
④ House B/L

15. What is right pair of words for the following? 〈2016-3회, 1급〉

> Endorsement of any negotiable instrument (bill of exchange, bill of lading, delivery order, or other document of title for example) means:
> (1) endorser (   ) that he or she is the lawful owner of the instrument,
> (2) knows no defect in it,
> (3) has received it in good faith for value received, and
> (4) is legally capable of (   ) it to another party.

① guarantees – transferring
② assures – avoiding
③ holds – borrowing
④ minds – lending

16. Choose one which is LEAST related to the following statements. 〈2016-3회, 1급〉

> Bill of lading term that the carrier acknowledges the receipt of stated number of packages but is unaware of the exact nature, quantity, and/or value of their contents. This is an important issue because, in case of an insurance claim, the carrier's liability may be limited only to the number of packages and not to the total value of the claim.

① The B/L term can be expressed as "carrier's load and count"
② Carrier's compensation is often limited by ruling convention such as Hague Rules.
③ The B/L term is mainly for container loading.
④ A carrier accepts packages for transport but does not verify their contents.

17. Which is LEAST correspondent to the underlined? 〈2016-3회, 1급〉

> B/L presented to *(가) a bank* after *(나) the last date* specified in the relevant letter of credit and which, therefore, is not acceptable as a *(다) valid* document. According to UCP, a B/L may be *(라) rejected* if presented more than 21 days after the date of the shipment.

① (가) nominated bank ② (나) shipment date
③ (다) complying ④ (라) returned

18. 다음 우리말을 영어로 옮겼을 때 적합하지 않은 것을 고르시오. 〈57회, 2급〉

> Documents were refused due to the following discrepancies :
> – 선화증권상엔 "운임선급"이란 표시가 없음
> – 선화증권상엔 상품의 명세가 허가 없이 변경되었다.
> – 선화증권은 지시대로 배서되지 않았다.
> – 12월 10일 뉴욕지점으로부터 상환받은 금액을 반환해 주십시오.

① Bills of lading do not show "freight to be paid"
② Commodity description in B/L was altered without authority.
③ Bills of lading were not endorsed as instructed.
④ Please refund the reimbursement you obtained from our New York branch on December 10.

해설

· freight prepaid : 운임선급 · without authority : 허락 없이

19. 서류의 용도가 다른 하나는? 〈2018-1회, 1급〉

① Letter of Guarantee ② Letter of Indemnity
③ Surrendered B/L ④ Sea Waybill

20. What is the correct wordings for the consignee column of the B/L under the following L/C requirement? 〈2018-1회, 1급〉

> A Credit, which was issued by American Commercial Bank, requires a document that "full set of clean on board ocean bills of lading made out to our order and notify applicant".

① To order of American Commercial Bank
② To order of Shipper
③ To order
④ To order of applicant

Incoterms, 2020

제 12 장

제 1 절 Incoterms, 2020의 의의

무역계약의 당사자들은 무역거래에서 발생하는 수많은 권리와 의무관계를 매번 계약시마다 일일이 합의하는데 따르는 번거롭고 부정확한 불편을 극복하기 위해 정형거래조건(Trade Terms)을 널리 사용하고 있다.

이 정형거래조건은 매도인과 매수인의 위험・비용부담의 분기점 및 권리・의무관계를 정하고 있으며, 국제상업회의소(ICC)가 1936년에 제정하여 무역환경의 변화에 따라 수차례 개정과정을 거쳐, 현재 사용되고 있는 것은 2020년 1월 1일부터 효력이 발생된 11가지 조건을 정하고 있는 Incoterms, 2020(International Commercial Terms, 2020 : International Rules for the Interpretation of Trade Terms, 2020)이다.

이 정형거래조건은 무역계약의 보완적인 기능을 하고 있고, 당사자간에 분쟁발생시 법률관계의 해석기준으로 사용되어, 정형거래조건에 대한 상이한 해석으로 인한 오해와 마찰, 기타 위험요인들을 제거 또는 경감하여 줌으로써 무역계약 당사자들에게 시간과 비용의 절감 및 많은 편리성을 제공하고 있다.

제2절 Incoterms, 2020의 규정

Incoterms 규칙의 규정 사항

The Incoterms® rules describe:
- **Obligations** : Who does what as between seller and buyer, e.g. who organizes carriage or insurance of the goods or who obtains shipping documents[1] and export or import licences;
- **Risk** : Where and when the seller "delivers" the goods, in other words where risk transfers from seller to buyer; and
- **Costs** : Which party is responsible for which costs, for example transport, packaging, loading or unloading costs, and checking or security-related costs.[2]

해설

1) shipping documents : 선적서류
2) security-related costs : 보안관련 비용

본선적재표기가 있는 선화증권과 인코텀즈 FCA 규칙

Where goods are sold FCA for carriage by sea, sellers or buyers (or more likely their banks where a letter of credit is in place) might want a bill of lading with an on-board notation.[1]

However, delivery under the FCA rule is completed before the loading of the goods on board the vessel. It is by no means certain that the seller can obtain an on-board bill of lading from the carrier. That carrier is likely, under its contract of carriage, to be bound and entitled to issue an on-board bill of lading only once the goods are actually on board.

To cater for this situation, FCA A6/B6 of Incoterms® 2020 now provides for an additional option. The buyer and the seller can agree that the buyer will instruct its carrier to issue an on-board bill of lading to the seller after the loading of the goods, the seller then being obliged to tender that bill of lading to the buyer, typically through the banks.

해설

1) a bill of lading with an on-board notation : 본선적재표기가 있는 선화증권

▶▶ CIF와 CIP 간 담보범위의 다른 수준

In the Incoterms® 2010 rules, A3 of both CIF and CIP imposed on the seller the obligation to "obtain at its own expense cargo insurance complying at least with the minimum cover as provided by Clauses (C) of the Institute Cargo Clauses or any similar clauses." After considerable discussion within and beyond the Drafting Group, the decision was made to provide for different minimum cover in the CIF Incoterms® rule and in the CIP Incoterms® rule. In the first, which is much more likely to be used in the maritime commodity trades, the status quo[1] has been retained, with Institute Cargo Clauses (C) as the default position, although it is, of course, open to the parties to agree to higher cover. In the second, namely the CIP Incoterms® rule, the seller must now obtain insurance cover complying with Institute Cargo Clauses (A), although it is, of course, again open to the parties to agree on a lower level of cover.

해설

1) the status quo : 현 상태

▶▶ FCA, DAP, DPU 및 DDP에서 매도인 또는 매수인 자신의 운송수단에 의한 운송 허용

In the Incoterms® 2010 rules, it was assumed throughout that where the goods were to be carried from the seller to the buyer, they would be carried by a third-party carrier engaged for the purpose either by the seller or the buyer, depending on which Incoterms® rule was used.
It became clear in the deliberations leading to Incoterms® 2020, however, that there were some situations where, although the goods were to be carried from the seller to the buyer, they could be so carried without any third-party carrier being engaged at all. Thus, for example, there was nothing stopping a seller on a D rule from arranging for such carriage without outsourcing that function to a third party, namely by using its own means of transportation. Likewise, with an FCA purchase, there was nothing to stop the buyer from using its own vehicle for the collection of the goods[1] and for their transport to the buyer's premises.[2]

해설

1) for the collection of the goods : 물품의 집화를 위해
2) to the buyer's premises : 매수인의 영업구내까지

DAT에서 DPU로의 명칭변경

ICC decided to make two changes to DAT and DAP.[1] First, the order in which the two Incoterms® 2020 rules are presented has been inverted, and DAP, where delivery happens before unloading, now appears before DAT. Secondly, the name of the rule DAT has been changed to DPU (Delivered at Place Unloaded), emphasizing the reality that the place of destination could be any place and not only a "terminal". However, if that place is not in a terminal, the seller should make sure that the place where it intends to deliver the goods is a place where it is able to unload the goods.[2]

해설

1) DAT and DAP : Incoterms® 2010의 규칙을 말함
2) to unload the goods : 물품을 양하하다.

인코텀즈규칙 변용(變用)시 유의점

Sometimes the parties want to alter an Incoterms® rule. The Incoterms® 2020 rules do not prohibit such alteration, but there are dangers in so doing. In order to avoid any unwelcome surprises, the parties would need to make the intended effect of such alterations extremely clear in their contract. Thus, for example, if the allocation of costs[1] in the Incoterms® 2020 rules is altered in the contract, the parties should also clearly state whether they intend to vary the point at which delivery is made and the risk transfers[2] to the buyer.

해설

1) the allocation of costs : 비용분담
2) the point at which delivery is made and the risk transfers : 인도와 위험이 이전하는 지점

EXW조건의 인도와 위험

Delivery and risk —"Ex Works" means that the seller delivers the goods to the buyer

– when it places the goods at the disposal of the buyer[1] at a named place(like a factory or warehouse), and

– that named place may or may not be the seller's premises.
For delivery to occur, the seller does not need to load the goods on any collecting vehicle[2], nor does it need to clear the goods for export[3], where such clearance is applicable.

해설

1) at the disposal of the buyer : 매수인의 임의처분 상태로
2) on any collecting vehicle : 집화차량에
3) to clear the goods for export : 수출통관하다.

EXW조건의 수출통관

Export clearance—With delivery happening when the goods are at the buyer's disposal either at the seller's premises or at another named point typically within the seller's jurisdiction[1] or within the same Customs Union[2], there is no obligation on the seller to organize export clearance or clearance within third countries through which the goods pass in transit. Indeed, EXW may be suitable for domestic trades, where there is no intention at all to export the goods. The seller's participation in export clearance is limited to providing assistance in obtaining such documents and information as the buyer may require for the purpose of exporting the goods. Where the buyer intends to export the goods and where it anticipates difficulty in obtaining export clearance, the buyer would be better advised to choose the FCA rule, under which the obligation and cost of obtaining export clearance[3] lies with the seller.

해설

1) within the seller's jurisdiction : 매도인의 국가 내
2) within the same Customs Union : 동일 관세동맹 지역 내
3) the obligation and cost of obtaining export clearance : 수출통관 의무와 비용

FCA조건의 인도와 위험

Delivery and risk — "Free Carrier(named place)" means that the seller delivers the goods to the buyer in one or other of two ways.[1]
– **First**, when the named place is the seller's premises, the goods are delivered when they are loaded on the means of transport arranged by the buyer.

– **Second**, when the named place is another place, the goods are delivered
1) when, having been loaded on the seller's means of transport,
2) they reach the named other place and
3) are ready for unloading from that seller's means of transport and
4) at the disposal of the carrier or of another person nominated by the buyer.

Whichever of the two is chosen as the place of delivery, that place identifies where risk transfers to the buyer and the time from which costs are for the buyer's account.[2]

해설

1) in one or other of two ways : 두 가지 방법 중 어느 하나로
2) the time from which costs are for the buyer's account : 매수인의 비용부담 시점

FCA조건의 수출/수입통관

Export/import clearance—FCA requires the seller to clear the goods for export, where applicable. However, the seller has no obligation to clear the goods for import[1] or for transit through third countries,[2] to pay any import duty[3] or to carry out any import customs formalities.

해설

1) to clear the goods for import : 물품 수입통관하다.
2) for transit through third countries : 제3국 통과를 위한
3) to pay any import duty : 수입관세를 납부하다.

CPT조건의 인도와 위험

Delivery and risk—"Carriage Paid To" means that the seller delivers the goods—and transfers the risk—to the buyer
- by handing them over to the carrier
- contracted by the seller
- or by procuring the goods[1] so delivered.
- The seller may do so by giving the carrier physical possession of the goods[2] in the manner and at the place appropriate to the means of transport used.

Once the goods have been delivered to the buyer in this way, the seller does not guarantee that the goods will reach the place of destination in sound condition, in the stated quantity or indeed at all. This is because risk transfers from seller to buyer when the goods are delivered to the buyer by handing them over to the carrier; the seller must nonetheless contract for the carriage of the goods from delivery to the agreed destination. Thus, for example, goods are handed over to a carrier in Las Vegas (which is not a port) for carriage to Southampton (a port) or to Winchester (which is not a port). In either case, delivery transferring risk to the buyer happens in Las Vegas, and the seller must make a contract of carriage to either Southampton or Winchester.

해설

1) to procure the goods : 물품을 조달하다.
2) physical possession of the goods : 물품의 물리적 점유

CIP조건의 운송

Carriage – The seller must contract or procure a contract for the carriage of the goods from the agreed point of delivery[1), if any, at the place of delivery to the named place of destination or, if agreed, any point at that place. The contract of carriage must be made on usual terms at the seller's cost and provide for carriage by the usual route in a customary manner of the type normally used for carriage of the type of goods sold. If a specific point is not agreed or is not determined by practice, the seller may select the point of delivery and the point at the named place of destination that best suit its purpose.
The seller must comply with any transport-related security requirements[2) for transport to the destination.

해설

1) the agreed point of delivery : 합의된 인도 지점
2) any transport-related security requirements : 운송관련 보안요건

CIP조건의 보험

Insurance – The seller must also contract for insurance cover[1) against the buyer's risk of loss of or damage to the goods from the point of delivery to at least the point of destination. This may cause difficulty where the destination country requires insurance cover to be purchased locally:[2] in this case the parties should consider selling and buying under CPT. The buyer should also note that under the CIP Incoterms® 2020 rule the seller is required to obtain extensive insurance cover complying with Institute Cargo Clauses (A) or similar clause, rather than with the more limited cover under Institute Cargo Clauses (C). It is, however, still open to the parties to agree on a lower level of cover.

해설

1) to contract for insurance cover : 보험계약을 체결하다.
2) to require insurance cover to be purchased locally : 자국의 보험자에게 부보하도록 요구하다.

CIP조건의 인도/운송서류

Delivery/transport document : If customary or at the buyer's request, the seller must provide the buyer, at the seller's cost, with the usual transport document[s][1] for the transport contracted in accordance with A4.
This transport document must cover the contract goods and be dated within the period agreed for shipment. If agreed or customary, the document must also enable the buyer to claim the goods[2] from the carrier at the named place of destination and enable the buyer to sell the goods in transit by the transfer of the document to a subsequent buyer or by notification to the carrier.
When such a transport document is issued in negotiable form[3] and in several originals, a full set of originals must be presented to the buyer.

해설

1) the usual transport document[s] : 통상적인 운송서류(들)
2) to claim the goods : 물품의 인도를 요구하다.
3) in negotiable form : 유통가능한 형식

DAP조건의 인도와 위험

Delivery and risk — "Delivered at Place" means that the seller delivers the goods — and transfers risk — to the buyer
– when the goods are placed at the disposal of the buyer

– on the arriving means of transport ready for unloading[1)]
– at the named place of destination or
– at the agreed point within that place, if any such point is agreed.
The seller bears all risks involved in bringing the goods to the named place of destination or to the agreed point within that place. In this Incoterms® rule, therefore, delivery and arrival at destination are the same.

해설

1) on the arriving means of transport ready for unloading : 도착운송수단에 실어둔 채 양하 준비된 상태로

DAP조건의 수출/수입통관

Export/import clearance — DAP requires the seller to clear the goods for export, where applicable. However, the seller has no obligation to clear the goods for import or for post-delivery transit through third countries, to pay any import duty or to carry out any import customs formalities. As a result, if the buyer fails to organize import clearance, the goods will be held up[1)] at a port or inland terminal in the destination country. Who bears the risk of any loss that might occur while the goods are thus held up at the port of entry in the destination country? The answer is the buyer: delivery will not have occurred yet, B3(a) ensuring that the risk of loss of or damage to the goods is with the buyer until transit to a named inland point can be resumed.[2)] If, in order to avoid this scenario, the parties intend the seller to clear the goods for import, pay any import duty or tax and carry out any import customs formalities, the parties might consider using DDP.

해설

1) be hold up : 묶이다.
2) until transit to a named inland point can be resumed : 내륙의 지정지점까지 운송이 재개될 때까지

DPU조건의 인도와 위험

Delivery and risk — "Delivered at Place Unloaded" means that the seller delivers the goods — and transfers risk — to the buyer

– when the goods,
– once unloaded from the arriving means of transport,
– are placed at the disposal of the buyer
– at a named place of destination or
– at the agreed point within that place, if any such point is agreed.

The seller bears all risks involved in bringing the goods to and unloading them[1] at the named place of destination. In this Incoterms® rule, therefore, the delivery and arrival at destination are the same. DPU is the only Incoterms® rule that requires the seller to unload goods at destination. The seller should therefore ensure that it is in a position to organize unloading at the named place. Should the parties intend the seller not to bear the risk and cost of unloading, the DPU rule should be avoided and DAP should be used instead.

해설

1) in bringing the goods to and unloading them : 물품을 가져가서 양하하는데 수반되는

DDP조건의 인도와 위험

Delivery and risk – "Delivered Duty Paid" means that the seller delivers the goods to the buyer
– when the goods are placed at the disposal of the buyer,
– cleared for import,
– on the arriving means of transport,
– ready for unloading,
– at the named place of destination or at the agreed point within that place, if any such point is agreed.

The seller bears all risks involved in bringing the goods to the named place of destination or to the agreed point within that place. In this Incoterms® rule, therefore, delivery and arrival at destination are the same.[1]

해설

1) delivery and arrival at destination are the same : 인도와 목적지 도착은 같은 것이다.

FAS조건의 인도와 위험

Delivery and risk – "Free Alongside Ship" means that the seller delivers the goods to the buyer

- when the goods are placed alongside the ship[1](e.g. on a quay or a barge)
- nominated by the buyer
- at the named port of shipment
- or when the seller procures goods already so delivered.

The risk of loss of or damage to the goods transfers when the goods are alongside the ship, and the buyer bears all costs from that moment onwards.

해설

1) alongside the ship : 선측

FAS조건의 운송방식

Mode of transport — This rule is to be used only for sea or inland waterway transport[1] where the parties intend to deliver the goods by placing the goods alongside a vessel. Thus, the FAS rule is not appropriate where goods are handed over to the carrier before they are alongside the vessel, for example where goods are handed over to a carrier at a container terminal. Where this is the case, parties should consider using the FCA rule rather than the FAS rule.

해설

1) only for sea or inland waterway transport : 해상운송 또는 내수로 운송에만

FOB조건의 인도와 위험

Delivery and risk — "Free on Board" means that the seller delivers the goods to the buyer
- on board the vessel[1]
- nominated by the buyer
- at the named port of shipment
- or procures the goods already so delivered.

The risk of loss of or damage to the goods transfers when the goods are on board the vessel, and the buyer bears all costs from that moment onwards.

해설

1) on board the vessel : 본선적재한

▶▶ CFR조건의 인도와 위험

Delivery and risk — "Cost and Freight" means that the seller delivers the goods to the buyer
- on board the vessel
- or procures the goods already so delivered.

The risk of loss of or damage to the goods transfers when the goods are on board the vessel, such that the seller is taken to have performed its obligation to deliver the goods[1] whether or not the goods actually arrive at their destination in sound condition, in the stated quantity or, indeed, at all. In CFR, the seller owes no obligation to the buyer to purchase insurance cover: the buyer would be well-advised therefore to purchase some cover for itself.[2]

해설

1) to have performed its obligation to deliver the goods : 물품인도의무를 이행하다.
2) be well-advised therefore to purchase some cover for itself : 스스로 부보하는 것이 좋다.

▶▶ CIF조건의 인도와 위험 및 보험

Delivery and risk — "Cost Insurance and Freight" means that the seller delivers the goods to the buyer
- on board the vessel
- or procures the goods already so delivered.

The risk of loss of or damage to the goods transfers when the goods are on board the vessel, such that the seller is taken to have performed its obligation to deliver the goods whether or not the goods actually arrive at their destination in sound condition, in the stated quantity or, indeed, at all.

Insurance — The seller must also contract for insurance cover[1] against the buyer's risk of loss of or damage to the goods from the port of shipment to at least the port of destination. This may cause difficulty where the destination country requires insurance cover to be purchased locally : in this case the parties should consider selling and buying under CFR. The buyer should also note that under the CIF Incoterms® 2020 rule the seller is required to obtain limited insurance cover complying with Institute Cargo Clauses (C) or similar clause, rather than with the more extensive cover under Institute Cargo Clauses (A). It is, however, still open to the parties to agree on a higher level of cover.

해설

1) contract for insurance cover : 보험계약을 체결하다.

핵심문제

*** 다음 문항의 정답을 고르시오.**

1. Based on the information provided, what Incoterms would you see quoted in the credit? 〈2009-3회, 1급〉

> 44E: Port of Loading / Airport of Departure Pusan
> 44F: Port of Discharge / Airport of Destination Seattle
> 46A: Documents Required
> \+ SIGNED COMMERCIAL INVOICE IN TRIPLICATE
> \+ FULL SET CLEAN ON BOARD BILLS OF LADING GOODS CONSIGNED TO THE ORDER OF SEOUL BANK MARKED FREIGHT COLLECT AND NOTIFY APPLICANT

① FOB
② FCA
③ CFR
④ CPT

2. 다음 문장이 의미하는 정형거래조건은?

> It means that the seller delivers the goods to the buyer
> – when the goods are placed at the disposal of the buyer,
> – cleared for import,
> – on the arriving means of transport,
> – ready for unloading,
> – at the named place of destination or at the agreed point within that place, if any such point is agreed.

① DDP
② DAP
③ DPU
④ CIP

3. 다음 문장이 의미하는 정형거래조건은?

> It means that the seller delivers the goods—and transfers the risk—to the buyer
> - by handing them over to the carrier
> - contracted by the seller
> - or by procuring the goods so delivered.
> - The seller may do so by giving the carrier physical possession of the goods in the manner and at the place appropriate to the means of transport used.

① CFR ② FAS ③ DDP ④ CPT

4. 다음의 밑줄 친 부분 중 틀린 것을 고르시오.

> **Delivery and risk**—"Delivered at Place Unloaded" means that the seller delivers the goods—and transfers risk—to the buyer
> - when the goods,
> - ① <u>once unloaded from the arriving means of transport</u>,
> - ② <u>are placed at the disposal of the buyer</u>
> - ③ <u>at a named place of departure</u> or
> - ④ <u>at the agreed point within that place, if any such point is agreed</u>.

5. 다음 문장이 의미하는 정형거래조건은?

> It represents the minimum obligation for the seller

① EXW ② DDP ③ DAP ④ FCA

6. An Exporter based in Busan, Korea has agreed to sell goods to a company in London. The Importer is responsible for arranging freight and insurance. Which of the following trade terms is correct? 〈2008-3회, 1급〉

① CIF London ② FAS Busan ③ FAS London ④ CIF Busan

7. 다음 중 문장의 내용이 가장 옳지 않은 것은?

① The FAS term requires the buyer to clear the goods for export.
② The FOB term requires the seller to clear the goods for export.
③ The DDP term requires the seller to clear the goods for import.
④ The CPT term requires the seller to clear the goods for export.

8. 다음 문장의 ( ) 안에 알맞는 것은? 〈54회, 1급〉

The following terms except ( ) are so appropriate to use for multimodal transport.

① FCA ② FOB
③ CPT ④ CIP

9. 다음 문장의 ( ) 안에 알맞는 것은?

> **Delivery and risk**—"( )" means that the seller delivers the goods to the buyer
> – on board the vessel
> – nominated by the buyer
> – at the named port of shipment
> – or procures the goods already so delivered.

① CIP ② FAS
③ FOB ④ DDP

10. 다음 문장의 ( ) 안에 알맞는 것은?

> **Delivery and risk**—"( )" means that the seller delivers the goods—and transfers risk—to the buyer
> – when the goods,
> – once unloaded from the arriving means of transport,
> – are placed at the disposal of the buyer
> – at a named place of destination or
> – at the agreed point within that place, if any such point is agreed.

① DAP ② DDP
③ CIP ④ DPU

제 13 장 UCP, 2007

제1절 UCP, 2007의 의의

신용장은 그 효용성 때문에 무역결제 수단으로서 가장 널리 사용되어 왔다. 그러나 국제간 통일성의 결여로 인해 무역거래에 있어서 많은 오해와 분쟁을 야기하게 되자 국제상업회의소는 각국의 신용장관습을 기초로 하여 1933년에 신용장통일규칙(UCP : Uniform Customs and Practice for Documentary Credits)을 제정하였다.

이 신용장통일규칙(UCP)은 무역환경의 변화에 따라 수차례 개정되어 왔으며, 가장 최근에 개정되어 현재 사용되고 있는 것은 UCP, 2007이다. 이 신용장통일규칙은 신용장거래에 있어서 야기될 수 있는 오해와 분쟁의 해결시 그 해석기준으로 적용되고 있으므로, 실제 신용장거래가 효율적으로 이루어지는데 많은 기여를 하고 있다.

제2절 UCP, 2007의 규정

▶▶ UCP의 적용

The Uniform Customs and Practice for Documentary Credits, 2007 Revision, ICC. Publication no. 600 ("UCP") are rules that apply to[1] any documentary credit[2] ("credit") (including, to the extent to which they may be applicable, any standby letter of credit[3]) when the text of the credit expressly indicates that it is subject to these rules[4]. They are binding on all parties thereto unless expressly modified or excluded by the credit.

해설

1) apply to ~ : ~ 에 적용되다.
2) documentary credits : 화환신용장, 선적서류와 환어음의 제시에 의해 결제가 이루어지는 신용장이다.
3) standby letter of credit : 보증신용장, 물품대금의 결제가 아니라 채무보증, 공사이행보증 등의 보증을 위한 신용장이다.
4) be subject to these rules : 이 통일규칙에 따르다.

신용장의 개념

Credit means any arrangement[1], however named or described[2], that is irrevocable and thereby constitutes a definite undertaking of the issuing bank[3] to honour a complying presentation[4]. Honour means:

a. to pay at sight if the credit is available by sight payment[5].
b. to incur a deferred payment undertaking[6] and pay at maturity if the credit is available by deferred payment.
c. to accept a bill of exchange[7] ("draft") drawn by the beneficiary and pay at maturity if the credit is available by acceptance.

해설

1) arrangement : 약정, 합의
2) however named or described : 어떻게 명칭되었건 또는 표기되었건 관계없이
3) a definite undertaking of the issuing bank : 신용장 개설은행의 명확한 확약
4) to honour a complying presentation : 일치하는 제시에 대해 결제하다.
5) sight payment : 일람지급
6) to incur a deferred payment undertaking : 연지급 확약하다.
7) to accept a bill of exchange : 환어음을 인수하다.

매입의 의미

Negotiation means the purchase by the nominated bank[1] of drafts (drawn on[2] a bank other than the nominated bank) and/or documents under a complying presentation[3], by either advancing or agreeing to advance funds[4] to the beneficiary on or before the banking day[5] on which reimbursement is due[6] to the nominated bank.

해설

1) the nominated bank : 지정은행

2) draw on : 환어음을 발행하다.
3) a complying presentation : 일치하는 (서류)제시
4) by either advancing or agreeing to advance funds : 대금을 선지급 또는 선지급하기로 약정하는 것에 의해
5) on or before the banking day : 은행영업일 또는 그 이전
6) due : 응당히 이루어져야 할

용어의 해석

A credit is irrevocable even if there is no indication to that effect.
Branches of a bank in different countries are considered to be separate banks.
Terms such as "first class", "well known", "qualified", "independent", "official", "competent" or "local" used to describe[1)] the issuer of a document[2)] allow any issuer except the beneficiary to issue that document.
Unless required to be used in a document, words such as "prompt", "immediately" or "as soon as possible" will be disregarded.
The expression "on or about" or similar will be interpreted as a stipulation that an event is to occur during a period five calendar days before until five calendar days after the specified date, both start and end dates included.
The words "to", "until", "till", "from" and "between" when used to determine a period of shipment include the date or dates mentioned, and the words "before" and "after" exclude the date mentioned. The words "from" and "after" when used to determine a maturity date exclude the date mentioned.
The terms "first half" and "second half" of a month shall be construed[3)] respectively as the 1st to the 15th, and the 16th to the last day of the month, all dates inclusive.
The terms "beginning", "middle" and "end" of a month shall be construed respectively as the 1st to the 10th, the 11th to the 20th and the 21st to the last day of the month, all dates inclusive.

해설

1) to describe : 설명하다. 기술하다.
2) the issuer of a document : 서류의 발행인
3) construe : 해석하다.

신용장의 독립성

A credit by its nature is a separate transaction[1)] from the sale or other contract on which it may be based. Banks are in no way concerned with or bound by such contract[2)], even if any reference whatsoever to it is included in the credit. Consequently, the undertaking of a bank to honour, to negotiate or to fulfil any other obligation under the credit is not subject to claims or defences by the applicant resulting from its relationships with the issuing bank or the beneficiary. A beneficiary can in no case avail itself of the contractual relationships[3)] existing between banks or between the applicant and the issuing bank.
An issuing bank should discourage[4)] any attempt by the applicant to include, as an integral part of the credit, copies of the underlying contract, proforma invoice and the like.

해설

1) separate transaction : 독립적인 계약
2) be in no way concerned with or bound by such contract : 매매계약과 관련이 없으며, 그것에 의해 구속되지도 않는다.
3) the contractual relationships : 계약적 관계
4) discourage : 제지하다.

신용장의 추상성

Banks deal with documents[1)] and not with goods, services or performance[2)] to which the documents may relate.

해설

1) documents : 서류
2) goods, services or performance : 물품, 서비스, 이행

신용장 사용가능성, 유효기일 및 제시장소

A credit must state the bank with which it is available or whether it is available with any bank[1)]. A credit available with a nominated bank is also available with the issuing bank.
A credit must state whether it is available by sight payment, deferred payment, acceptance or negotiation.

A credit must not be issued available by a draft drawn on the applicant[2].
A credit must stipulate an expiry date for presentation[3]. An expiry date stipulated for honour or negotiation will be deemed to be an expiry date for presentation.
Except as provided in sub-article 29 (a), a presentation by or on behalf of the beneficiary must be made on or before the expiry date.

해설

1) whether it is available with any bank. : 신용장이 모든 은행에서 사용가능한지 여부
2) drawn on the applicant : 개설의뢰인을 지급인으로 하여 발행된
3) an expiry date for presentation : 제시를 위한 유효기일

▶▶ 개설은행의 의무

Provided that the stipulated documents are presented to the nominated bank or to the issuing bank and that they constitute a complying presentation[1], the issuing bank must honour[2], if the credit is available by:

a. sight payment, deferred payment or acceptance with the issuing bank;
b. sight payment with a nominated bank and the nominated bank does not pay;
c. deferred payment with a nominated bank and the nominated bank does no incur its deferred payment undertaking or, having incurred its deferred payment undertaking, does not pay at maturity;
d. acceptance with a nominated bank and the nominated bank does not accept a draft drawn on it or, having accepted a draft drawn on it, does not pay at maturity;
e. negotiation with a nominated bank and that nominated bank does not negotiate.

An issuing bank is irrevocably bound to honour as of the time it issues the credit.
An issuing bank undertakes to reimburse[3] a nominated bank that has honoured or negotiated a complying presentation and forwarded the documents to the issuing bank. Reimbursement for the amount of the presentation under a credit available by acceptance or deferred payment is due at maturity, whether or not the nominated bank prepaid or purchased before maturity. An issuing bank's undertaking to reimburse a nominated bank is independent of the issuing banks undertaking to the beneficiary.

해설

1) a complying presentation : 조건에 일치하는 제시
2) honour : 결제, 즉 지급, 연지급, 인수하다.
3) to reimburse : 보상하다.

확인은행의 의무

Provided that the stipulated documents are presented to the confirming bank[1] or to any other nominated bank and that they constitute a complying presentation, the confirming bank must honour, if the credit is available by sight payment, deferred payment or acceptance with the confirming bank.
A confirming bank is irrevocably bound to honour or negotiate as of the time it adds its confirmation[2] to the credit.
A confirming bank undertakes to reimburse another nominated bank that has honoured or negotiated a complying presentation and forwarded the documents to the confirming bank. Reimbursement for the amount of the presentation under a credit available by acceptance or deferred payment is due at maturity, whether or not another nominated bank prepaid or purchased before maturity. A confirming bank's undertaking to reimburse another nominated bank is independent of the confirming banks undertaking to the beneficiary.

해설

1) the confirming bank : 확인은행
2) confirmation : (신용장의) 확인

신용장 및 조건변경의 통지

A credit and any amendment may be advised to a beneficiary through an advising bank[1]. An advising bank that is not a confirming bank advises the credit and any amendment without any undertaking to honour or negotiate[2]. By advising the credit or amendment, the advising bank signifies that it has satisfied itself as to the apparent authenticity[3] of the credit or amendment and that the advice accurately reflects the terms and conditions of the credit or amendment received.
An advising bank may utilize the services of another bank ("second

advising bank")[4] to advise the credit and any amendment to the beneficiary. A bank utilizing the services of an advising bank or second advising bank to advise a credit must use the same bank to advise any amendment thereto.
If a bank is requested to advise a credit or amendment but elects not to do so, it must so inform, without delay, the bank from which the credit, amendment or advice has been received.
If a bank is requested to advise a credit or amendment but cannot satisfy itself as to the apparent authenticity of the credit or amendment or advice, it must so inform, without delay, the bank from which the instructions appear to have been received. If the advising bank or second advising bank elects nonetheless to advise the credit or amendment, it must inform the beneficiary or second advising bank that it has not been able to satisfy itself as to the apparent authenticity of the credit or amendment or advice.

해설

1) an advising bank : 통지은행
2) without any undertaking to honour or negotiate : 지급, 연지급, 인수 또는 매입의 확약 없이
3) the apparent authenticity : 외관상 진정성
4) second advising bank : 제2의 통지은행

▶▶ 신용장의 조건변경

Except as otherwise provided by article 38, a credit can neither be amended nor cancelled[1] without the agreement of the issuing bank, the confirming bank, if any, and the beneficiary.
An issuing bank is irrevocably bound by an amendment as of the time it issues the amendment. A confirming bank may extend its confirmation to an amendment and will be irrevocably bound as of the time it advises the amendment.
A bank that advises an amendment must inform the bank from which it received the amendment of any notification of acceptance or rejection.
Partial acceptance of an amendment[2] is not allowed and will be deemed to be rejection of the amendment.
A provision in an amendment to the effect that the amendment shall enter into force unless rejected by the beneficiary within a certain time shall be disregarded.

해설

1) cancel : (신용장)을 취소하다.
2) partial acceptance of an amendment : 조건변경의 부분승낙

지정은행

Unless a nominated bank[1] is the confirming bank, an authorization[2] to honour or negotiate does not impose any obligation on that nominated bank to honour or negotiate, except when expressly agreed to by that nominated bank and so communicated to the beneficiary.
By nominating a bank to accept a draft or incur a deferred payment undertaking, an issuing bank authorizes that nominated bank to prepay or purchase a draft[3] accepted or a deferred payment undertaking incurred by that nominated bank.

해설

1) a nominated bank : 지정은행
2) authorization : 수권
3) to prepay or purchase a draft : 환어음을 선지급 또는 구매하다.

서류심사의 기준

A nominated bank acting on its nomination, a confirming bank, if any, and the issuing bank must examine the presentation to determine, on the basis of the documents alone, whether or not the documents appear on their face[1] to constitute a complying presentation[2].
A nominated bank acting on its nomination, a confirming bank, if any, and the issuing bank shall each have a maximum of five banking days[3] following the day of presentation to determine if a presentation is complying.
A presentation including one or more original transport documents subject to articles 19, 20, 21, 22, 23, 24 or 25 must be made by or on behalf of the beneficiary not later than 21 calendar days after the date of shipment as described in these rules, but in any event not later than the expiry date of the credit.
A document may be dated prior to the issuance date of the credit[4], but must not be dated later than its date of presentation.

해설

1) on their face : 문면상
2) complying presentation : 일치하는 제시
3) banking days : 은행영업일
4) the issuance date of the credit : 신용장의 발행일

일치하는 제시

When an issuing bank determines that a presentation is complying[1], it must honour.
When a confirming bank determines that a presentation is complying, it must honour or negotiate and forward the documents[2] to the issuing bank.
When a nominated bank determines that a presentation is complying and honours or negotiates, it must forward the documents to the confirming bank or issuing bank.

해설

1) a presentation is complying : 제시가 일치하다.
2) forward the documents : 서류를 송부하다.

불일치 서류, 권리포기 및 통지

When a nominated bank acting on its nomination, a confirming bank, if any, or the issuing bank determine that a presentation does not comply, they may refuse to honour or negotiate.
When an issuing bank determines that a presentation does not comply, it may in its sole judgement[1] approach the applicant for a waiver of the discrepancies[2].
When a nominated bank acting on its nomination, a confirming bank, if any, or the issuing bank decide to refuse to honour or negotiate, they must give a single notice[3] to that effect to the presenter.
The notice required in sub-article 16 (c) must be given by telecommunication or, if that is not possible, by other expeditious means no later than the close of the fifth banking day following the day of presentation.

해설

1) in its sole judgement : 독자적인 판단으로
2) a waiver of the discrepancies : 불일치에 대한 권리포기
3) give a single notice : 단순통지하다.

원본서류 및 사본

At least one original of each document stipulated in the credit must be presented.
A bank shall treat as original any document bearing[1)] an apparently original signature, mark, stamp, or label of the issuer of the document, unless the document itself indicates that it is not original.
Unless a document indicates otherwise, a bank will also accept[2)] a document as original if it:

i. appears to be written, typed, perforated or stamped by the document issuer's hand; or
ii. appears to be on the document issuers original stationery; or
iii. states that it is original, unless the statement appears not to apply to the document presented.

If a credit requires presentation of copies of documents, presentation of either originals or copies is permitted.
If a credit requires presentation of multiple documents by using terms such as "in duplicate", "in two fold" or "in two copies", this will be satisfied by the presentation of at least one original and the remaining number in copies, except when the document itself indicates otherwise.

해설

1) bearing : 기재하다. 표시하다.
2) accept : 수리하다.

복합운송서류에서의 환적

Transhipment[1)] means unloading from one means of conveyance and reloading to another means of conveyance (whether or not in different modes of transport) during the carriage from the place of dispatch[2)], taking in charge[3)] or shipment to the place of final destination stated in the credit.
A transport document may indicate that the goods will or may be transhipped provided that the entire carriage is covered by one and the same transport document.
A transport document indicating that transhipment will or may take place is acceptable, even if the credit prohibits transhipment.

해설

1) transhipment : 환적
2) the place of dispatch : 발송지
3) taking in charge : 화물의 인수

▶▶ 선화증권의 발행일

The date of issuance of the bill of lading[1] will be deemed to be the date of shipment unless the bill of lading contains an on board notation[2] indicating the date of shipment, in which case the date stated in the on board notation will be deemed to be the date of shipment.

해설

1) date of issuance of the bill of lading : 선화증권의 발행일
2) on board notation : 본선적재 표기

▶▶ 갑판적, 송화인의 적재 및 계수, 송화인의 내용물 신고 및 운임에 대한 추가비용

A transport document must not indicate that the goods are or will be loaded on deck[1].
A clause on a transport document stating that the goods may be loaded on deck is acceptable.
A transport document bearing a clause such as "shipper's load and count"[2] and "said by shipper to contain"[3] is acceptable.
A transport document may bear a reference, by stamp or otherwise, to charges additional to the freight.

해설

1) be loaded on deck : 갑판에 적재된
2) shipper's load and count : 송화인의 적재 및 계수
3) said by shipper to contain : 송화인의 내용물 신고

▶▶ 무사고 운송서류

A bank will only accept a clean transport document[1]. A clean transport document is one bearing no clause or notation expressly declaring a defective condition[2] of the goods or their packaging. The word "clean" need not appear on a transport document even if a credit has a requirement for that transport document to be "clean on board"[3].

해설

1) a clean transport document : 무사고 운송서류
2) a defective condition : 하자상태
3) clean on board : 무사고 본선적재

보험서류

An insurance document, such as an insurance policy, an insurance certificate[1] or a declaration under an open cover[2], must appear to be issued and signed by an insurance company, an underwriter[3] or their agents or proxies.
Where the insurance document indicates it has been issued in more than one original, all originals must be presented.
Cover notes[4] will not be accepted.
An insurance policy is acceptable in lieu of an insurance certificate or a declaration under an open cover.
The date of the insurance document must be no later than the date of shipment, unless it appears from the insurance document that the cover is effective no later than the date of shipment.

해설

1) insurance certificate : 보험증명서
2) a declaration under an open cover : 포괄예정보험증서
3) underwriter : 개인보험업자
4) cover note : 보험인수증

보험담보범위

The insurance document must indicate the amount of insurance coverage[1] and be in the same currency as the credit.
A requirement in the credit for insurance coverage to be for a percentage of the value of the goods, of the invoice value or similar is deemed to be the minimum amount of coverage[2] required.
If there is no indication in the credit of the insurance coverage required, the amount of insurance coverage must be 110% of the CIF or CIP value of the goods.

The insurance document must indicate that risks are covered at least between the place of taking in charge or shipment and the place of discharge or final destination as stated in the credit.
A credit should state the insurance required and, if any, the additional risks to be covered. An insurance document will be accepted without regard to any risks that are not covered, if the credit uses imprecise terms such as "usual risks" or "customary risks".
Where a credit requires insurance against "all risks" and an insurance document is presented containing any "all risks" notation or clause, whether or not bearing the heading "all risks", the insurance document will be accepted without regard to any risks stated to be excluded.
An insurance document may contain reference to any exclusion clause.
An insurance document may indicate that the cover is subject to a franchise[3] or excess (deductible)[4].

해설

1) the amount of insurance coverage : 보험담보금액
2) the minimum amount of coverage : 최소담보금액
3) a franchise : 소손해 면책
4) excess (deductible) : 소손해 면책

▶▶ 유효기일 또는 제시 최종일의 연장

If the expiry date of a credit or the last day for presentation[1] falls on a day when the bank to which presentation is to be made is closed for reasons other than those referred to in article 36, the expiry date or the last day for presentation, as the case may be, will be extended to the first following banking day[2].
If presentation is made on the first following banking day, a nominated bank must provide the issuing bank or confirming bank with a statement on its covering schedule that the presentation was made within the time limits extended in accordance with sub-article 29 (a).
The latest date for shipment will not be extended as a result of sub-article 29 (a).

해설

1) the last day for presentation : 제시를 위한 최종일
2) to the first following banking day : 그 다음 첫 번째 은행영업일까지

▶▶ 신용장금액, 수량 및 단가의 과부족 허용

The words "about" or "approximately" used in connection with the amount of the credit or the quantity or the unit price stated in the credit are to be construed as allowing a tolerance[1] not to exceed 10% more or 10% less than the amount, the quantity or the unit price to which they refer.
A tolerance not to exceed 5% more or 5% less than the quantity of the goods is allowed, provided the credit does not state the quantity in terms of a stipulated number of packing units[2] or individual items[3] and the total amount of the drawings does not exceed the amount of the credit.
Even where partial shipments[4] are not allowed, a tolerance not to exceed 5% less than the amount of the credit is allowed, provided that the quantity of the goods, if stated in the credit, is shipped in full and a unit price, if stated in the credit, is not reduced or that sub-article 30 (b) is applicable. This tolerance does not apply when the credit stipulates a specific tolerance or uses the expressions referred to in sub-article 30 (a).

해설

1) to allow a tolerance : 과부족을 허용하다.
2) packing units : 포장단위
3) individual items : 개별 품목
4) partial shipments : 분할선적

▶▶ 제시의 시간

A bank has no obligation to accept a presentation outside of its banking hours[1].

해설

1) outside of its banking hours : 은행영업시간 이외의

▶▶ 분할어음발행 또는 분할선적

Partial drawings[1] or shipments are allowed.
A presentation consisting of more than one set of transport documents evidencing shipment commencing on the same means of conveyance and for the same journey[2], provided they indicate the same destination, will

not be regarded as covering a partial shipment, even if they indicate different dates of shipment or different ports of loading, places of taking in charge or dispatch[3]. If the presentation consists of more than one set of transport documents, the latest date of shipment as evidenced on any of the sets of transport documents will be regarded as the date of shipment. A presentation consisting of one or more sets of transport documents evidencing shipment on more than one means of conveyance within the same mode of transport will be regarded as covering a partial shipment, even if the means of conveyance leave on the same day for the same destination.

해설

1) partial drawings : 분할어음발행
2) the same journey : 동일한 운송구간
3) places of taking in charge or dispatch : 화물의 수탁지 또는 발송지

서류효력에 대한 면책

A bank assumes no liability or responsibility for the form, sufficiency, accuracy, genuineness[1], falsification[2] or legal effect of any document, or for the general or particular conditions stipulated in a document or superimposed[3] thereon; nor does it assume any liability or responsibility for the description, quantity, weight, quality, condition, packing, delivery, value or existence of the goods, services or other performance represented by any document, or for the good faith[4] or acts or omissions[5], solvency, performance or standing of the consignor, the carrier, the forwarder, the consignee or the insurer of the goods or any other person.

해설

1) genuineness : 진정성
2) falsification : 위조
3) superimpose : 부가하다. 추가하다.
4) the good faith : 성실성
5) acts or omissions : 작위 또는 부작위

불가항력

A bank assumes no liability or responsibility for the consequences arising out of the interruption of its business[1] by Acts of God, riots, civil commotions, insurrections, wars, acts of terrorism, or by any strikes or lockouts or any other causes beyond its control[2].
A bank will not, upon resumption of its business, honour or negotiate under a credit which expired during such interruption of its business.

해설

1) interruption of its business : 은행업무의 중단
2) beyond its control : 은행이 통제할 수 없는

피지시인의 행위에 대한 면책

A bank utilizing the services of another bank for the purpose of giving effect to the instructions[1] of the applicant does so for the account and at the risk of the applicant.
An issuing bank or advising bank assumes no liability or responsibility should the instructions it transmits to another bank not be carried out, even if it has taken the initiative[2] in the choice of that other bank.
A bank instructing another bank to perform services is liable for any commissions, fees, costs or expenses ("charges") incurred by that bank in connection with its instructions.

해설

1) give effect to the instructions : 지시를 이행하다.
2) take the initiative : 주도적 역할을 하다.

양도가능신용장

A bank is under no obligation to transfer a credit except to the extent and in the manner expressly consented to by that bank.
For the purpose of this article :
Transferable credit[1] means a credit that specifically states it is "transferable".
A transferable credit may be made available in whole or in part to another beneficiary ("second beneficiary") at the request of the beneficiary ("first

beneficiary").
Transferring bank[2)] means a nominated bank that transfers the credit or, in a credit, available with any bank a bank that is specifically authorized by the issuing bank to transfer and that transfers the credit. An issuing bank may be a transferring bank.
Transferred credit means a credit that has been made available by the transferring bank to a second beneficiary[3)].
Unless otherwise agreed at the time of transfer, all charges (such as commissions, fees, costs or expenses) incurred in respect of a transfer must be paid by the first beneficiary.
A credit may be transferred in part to more than one second beneficiary provided partial drawings or shipments are allowed. A transferred credit cannot be transferred at the request of a second beneficiary to any subsequent beneficiary. The first beneficiary is not considered to be a subsequent beneficiary.
Presentation of documents by or on behalf of a second beneficiary must be made to the transferring bank.

해설

1) transferable credit : 양도가능신용장
2) transferring bank : 양도은행
3) a second beneficiary : 제2수익자

핵심문제

＊ 다음 문항의 정답을 고르시오.

1. Who nominates the Accepting Bank in a Documentary Credit?

① Beneficiary ② Issuing Bank ③ Applicant ④ Advising Bank

해설

- accepting bank : 인수은행
- documentary credit : 화환신용장
- beneficiary : 수익자
- issuing bank : 개설은행
- applicant : 개설의뢰인

2. 아래 문장에서 의미하는 것이 아닌 것을 고르시오. 〈2008-2회, 1급〉

> The amount of any draft drawn under this credit must be endorsed by the negotiating bank on the reverse hereof and the presentation of each draft, if negotiated, shall be a warranty by the negotiating bank that such endorsement has been made. We hereby agree with the drawers, endorsers and bona fide holders of drafts drawn under and in compliance with the terms of this credit that such drafts shall be duly honored on due presentation and on delivery of documents as specified to the drawee bank.

① 신용장에 의한 결제방식을 이용하고 있다.
② 어음을 매입할 때 매입은행은 환어음 금액을 어음 이면에 기재하여야 한다.
③ 매입은행은 어음에 배서하여야 하며, 이는 지급을 보증하는 행위이다.
④ 어음의 선의의 소지인에 대해서도 어음대금 지급을 약속하고 있다.

해설

- 매입은행의 매입행위는 대금지급의 보증도 확약도 아닌 수익자에 대한 일종의 여신행위이다.

3. 다음은 UCP 600에서 규정하고 있는 신용장의 사용, 만기일, 제시에 관한 내용이다. 설명이 잘 된 것은? 〈2008-2회, 1급〉

① A credit available with a nominated bank is not also available with the issuing bank.

② A credit may be issued available by a draft drawn on the applicant.
③ An expiry date stated for honour or negotiation will be deemed to be an expiry date for presentation.
④ A place for presentation other than that of the issuing bank is the same as the place of the issuing bank.

4. 양도 가능 신용장에 관한 UCP 600의 규정이다. 그 내용이 맞는 것은? 〈2008-2회, 1급〉

① A bank is under obligation to transfer a credit except to the extent and in the manner expressly to by that bank.
② A transferable credit may be made available in whole or in part to another beneficiary at the request of the second beneficiary.
③ All charges such as commissions, fees, costs or expenses incurred in respect of a transfer must be paid by the second beneficiary.
④ A transferred credit cannot be transferred at the request of a second beneficiary to any subsequent beneficiary.

5. 다음 내용과 가장 관련이 깊은 것은?

A confirmation of an irrevocable Credit by another bank upon the authorization or request of the Issuing Bank, constitutes a definite undertaking of the bank, in addition to that of the Issuing Bank.

① Negotiating Bank ② Advising Bank
③ Confirmed Credit ④ Revolving Credit

해설

· confirmation of an irrevocable Credit : 취소불능신용장의 확인, 즉 확인신용장을 의미한다.
· in addition to that of the Issuing Bank : 개설은행의 확약에 부가하여
· Confirmed Credit : 확인신용장 · Revolving Credit : 회전신용장

6. 다음 내용과 가장 관련이 깊은 것은? 〈59회, 2급〉

This credit has a condition that the beneficiary is allowed to obtain an advance or pre-shipment advances from the advising or confirming bank.

① Red Clause Credit ② Back-to Back Credit
③ Transferable Credit ④ Revolving Credit

해설

· obtain an advance : 선지급을 받다. · pre-shipment advance : 선적전 선지급을 받다.
· Red Clause L/C : 전대신용장 · Back-to Back Credit : 대응신용장

7. 다음 문장을 읽고 그 내용에 해당하는 것을 고르시오. 〈53회, 1급〉

This Credit has a condition that the amount is renewed or automatically reinstated without specific amendments to the credit.

① Red Clause Credit ② Back – to – Back Credit
③ Transferable Credit ④ Revolving Credit

해설
- renew : 갱신하다. · reinstate : 복원하다.

8. A nominated bank acting on its nomination, a confirming bank, if any, or an issuing bank each has a maximum number of banking days following the day of presentation to determine whether a presentation is complying. What is this maximum number of banking days? 〈2009-3회, 1급〉

① 3 banking days ② 5 banking days
③ 7 banking days ④ 10 banking days

해설
- acting on its nomination : 지정에 따라 행동하는
- following the day of presentation : 제시일 다음날
- whether a presentation is complying : 제시가 일치하는지 여부

9. Choose the wrong expression in connection with UCP 600. 〈2009-2회, 1급〉

① A bank is under no obligation to transfer a credit except to the extent and in the manner expressly consented to by that bank.

② Transferring bank means a nominated bank that transfers the credit or, in a credit available with any bank, a bank that is specifically authorized by the issuing bank to transfer and that transfers the credit. An issuing bank may be a transferring bank.

③ Transferable credit means a credit that has been made available by the transferring bank to a second beneficiary.

④ A credit may be transferred in part to more than one second beneficiary provided partial drawings or shipments are allowed.

해설
- to transfer a credit : 신용장을 양도하다.
- transferring bank : 양도은행
- transferred credit : 양도된 신용장, transferable credit은 잘못된 표현이다.
- partial drawings or shipments : 분할어음발행 또는 분할선적

10. Choose the most appropriate set which is equivalent to the underlined words in order. 〈2009-2회, 1급〉

> In order to cover the amount of the canned crab meat, (가)we have today issued an L/C in your favor through the (나)Banco Central do Brasil. You will be notified by their (다)correspondent bank in Singapore.

① Beneficiary – Advising Bank – Issuing Bank
② Beneficiary – Issuing Bank – Advising Bank
③ Applicant – Issuing Bank – Advising Bank
④ Applicant – Advising Bank – Issuing Bank

11. What type of letter of credit will it be? 〈2015-2회, 1급〉

> "This credit is a payment or performance guarantee used primarily in the United States. They are often called non-performing letters of credit because they are only used as a backup should the buyer fail to pay as agreed. Thus, this type of credit allows the customer to establish a rapport with the seller by showing that it can fulfill its payment commitments. The beneficiary to this letter of credit can cash it on demand."

① stand-by credit ② back-to-back credit
③ revolving credit ④ red clause credit

해설

- 보증신용장(stand-by credit)에 대한 설명이다.
- backup : 뒷받침하다, 지원하다 · rapport : (친밀한)관계 · fulfill : 이행하다, 충족하다

12. Choose the most proper explanation about Transferable Credits under UCP 600. 〈2015-3회, 1급〉

① A credit may be transferred in part to more than two second beneficiaries even though partial drawings or shipments are not allowed.
② A transferred credit cannot be transferred at the request of the first beneficiary to any subsequent beneficiary.
③ A credit cannot be transferred if it is not allowed.
④ The transferred credit must accurately reflect the terms and conditions of the credit without the exception of the amount of the credit, which must not be reduced or curtailed.

13. Choose a wrong definition under UCP 600. 〈2016-1회, 1급〉

① Advising bank means the bank that advises the credit at the request of the issuing bank.

② Applicant means the party on whose request the credit is issued.

③ Negotiating bank means the party in whose favour a credit is issued.

④ Confirming bank means the bank that adds its confirmation to a credit upon the issuing bank's authorization or request.

14. In accordance with UCP 600, which of the following may be the correct course(s) of action for the confirming bank? 〈2015-3회, 1급〉

> A beneficiary presents complying documents to a confirming bank under a documentary credit available by deferred payment. The beneficiary requests that the confirming bank purchase the documents and prepay against its undertaking.
>
> A. Obtain the issuing bank's agreement prior to paying the beneficiary.
> B. Refuse the beneficiary's request while undertaking to pay at maturity.
> C. Prepay the deferred payment undertaking.
> D. Obtain an agreement for recourse to the beneficiary.

① C only
② A and B only
③ A and D only
④ B and C only

15. Which part is WRONG? 〈2017-1회, 1급〉

> (A) <u>The confirming bank is the bank which adds its own irrevocable undertaking</u> in addition to that given (B) <u>by the negotiating bank</u>, whereas (C) <u>the advising bank is the bank that receives a letter or credit</u> from the (D) <u>issuing bank for authentication and delivery to the beneficiary</u>.

① (A) ② (B) ③ (C) ④ (D)

16. What action should the negotiating bank take under the following situation? 〈2017-2회, 1급〉

> A documentary credit advised to a beneficiary payable at sight calls for documents to include an invoice made out in the name of the applicant. Documents presented to the negotiating bank by the beneficiary include a customs invoice but no commercial invoice. All other terms and conditions have been met.

① Refer to the issuing bank for authority to pay.
② Reject the documents as non-complying.
③ Pay the documents as fully complying with the terms of the credit.
④ Return the documents for amendment by the beneficiary.

17. Which is NOT proper for the blank under UCP 600? 〈2017-3회, 1급〉

A transport document bearing a clause such as "(   )" is acceptable.

① shipper's load and count ② said by shipper to contain
③ said to contain ④ CFS loaded

18. Which is RIGHT statement according to UCP 600? 〈2018-1회, 1급〉
① In the absence of an indication to the contrary, the credit is deemed to be revocable.
② A revocable credit may be amended or cancelled only if all the basic parties of letter of credit agree with such amendment or cancellation.
③ A transferable credit can be transferred only no more than once.
④ An irrevocable credit may be amended or cancelled only by the issuing bank or the confirming bank.

19. As defined by UCP 600, complying presentation means a presentation that is in accordance with: 〈2018-1회, 1급〉

A. the terms and conditions of the credit B. the applicable provisions of UCP 600 C. ISBP 745 D. international standard banking practice

① A ② A+B
③ A+B+C ④ A+B+D

20. In accordance with UCP 600, what MUST the issuing bank do? 〈2018-1회, 1급〉

A documentary credit pre-advice is issued on 1 March for USD500,000 with the following terms and conditions: – Partial shipment allowed. – Latest shipment date 30 April. – Expiry date 15 May.

On 2 March the applicant requests an amendment prohibiting partial shipment and extending the expiry date to 30 May.

① Clarify with the applicant the period for presentation.
② Issue the documentary credit as originally instructed.
③ Issue the documentary credit incorporating all the amendments.
④ Issue the documentary credit incorporating only the extended expiry date.

참고문헌

1. 김병수, 「무역영어」, 비즈프라임, 2009
2. 박대위, 「무역영어」, 법문사, 1986
3. 양영환 · 오원석, 「무역영어」, 삼영사, 1993
4. 우성구, 「실용 무역영어」, 동성사, 1989
5. 이우열, 「무역영어 1급 30일 완성」, 두남, 2009
6. 이호건, 「무역실무영어」, 동성출판사, 1997
7. 한주섭, 「현대무역영어」, 동성사, 1989
8. B. J. Naterop and E. Weis and E. Harberfellner, *Business Letters for All*, Oxrford Univ. Press, 1977
9. Harry M. Brown & Karen K. Reid, *Business writing and communication Strategies and Applications*, D. Van Nostrand Company, N.Y., 1979
10. J. Harold Janis & others, *Business Writing*, Barnes & Noble, 1963
11. Lassor A. Blumenthal, *Successful Business Writing*, Grosset & Dunlap, 1978
12. L. E. Frailey, *Handbook of Business Letters* (revised edition), Prentice-Hall, 1975
13. Morton, D. Walter & Viets, Howard T., *Practical Business English*, F. S. Crofts & Co., N.Y.
14. Robert L. Shurter, *Effective Letters in Business*, McGraw Hill Pub. Co., 1980
15. Willian C. Himstreet & others, *Business English in Communications*(3rd edition), Prentice-Hall, 1975

핵심문제 정답

제 1~2 장 무역영어의 의의, 구성과 형식

1	2	3	4	5	6	7	8	9	10
②	③	①	②	④	②	①	②	③	①

제3장 거래처의 선정과 거래제의

1	2	3	4	5	6	7	8	9	10	11	12	13	14	15	16	17	18	19	20
③	④	③	④	①	①	③	①	④	②	②	④	①	②	③	③	③	②	②	③

제4장 조회와 청약

1	2	3	4	5	6	7	8	9	10	11	12	13	14	15	16	17	18	19	20
④	①	④	④	②	②	①	③	③	②	④	①	①	③	④	③	④	④	②	②

제5장 승낙과 일반거래조건협정서

1	2	3	4	5	6	7	8	9	10	11	12	13	14	15	16	17	18	19	20
①	②	②	④	④	②	④	③	②	①	③	②	④	④	①	②	②	①	②	①

제6장 매매계약과 주문

1	2	3	4	5	6	7	8	9	10	11	12	13	14	15	16	17	18	19	20
②	①	①	③	②	④	②	③	④	③	②	①	③	①	④	①	④	②	④	③

제7장 제1절 운송

1	2	3	4	5	6	7	8	9	10	11	12	13	14	15	16	17	18	19	20
②	④	②	④	①	③	③	①	④	④	②	③	④	④	④	①	③	②	①	③

제7장 제2절 보험

1	2	3	4	5	6	7	8	9	10	11	12	13	14	15	16	17	18	19	20
①	②	①	④	③	②	①	③	③	①	①	④	②	①	①	④	②	①	③	①

제8장 제1절 대금결제

1	2	3	4	5	6	7	8	9	10	11	12	13	14	15	16	17	18	19	20
③	②	④	④	①	①	④	③	②	①	④	①	③	③	③	②	③	①	④	②

제8장 제2절 분쟁해결

1	2	3	4	5	6	7	8	9	10	11	12	13	14	15	16	17	18	19	20
②	④	④	④	③	③	④	④	②	③	②	④	③	③	①	②	①	②	③	③

제9~11장 무역관련 서류

1	2	3	4	5	6	7	8	9	10	11	12	13	14	15	16	17	18	19	20
②	③	①	①	①	④	②	④	④	③	④	③	③	④	①	①	④	①	②	①

제12장 Incoterms, 2020

1	2	3	4	5	6	7	8	9	10
②	①	④	③	①	②	①	②	③	④

제13장 UCP, 2007

1	2	3	4	5	6	7	8	9	10	11	12	13	14	15	16	17	18	19	20
②	③	③	④	③	①	④	②	③	③	①	③	③	④	②	③	③	③	④	②

저 자 약 력

● 송 계 의

- 대전고, 성균관대 경제학 박사
- 한진교통물류연구원 물류실장 역임
- 건교부, 중기청, 서울특별시, 부산광역시 물류정책 자문위원 역임
- (현) 물류관리사 자격시험 출제 및 감수 · 선정위원
  종합물류기업 인증심사단 심사위원
  대한상사 중재원 중재인
  동서대학교 국제물류학과 교수

[주요저서]
- 인터넷물류론(삼영사, 2002)
- 물류혁신론(도서출판 두남, 2007)
- 최신 경영학원론(도서출판 두남, 2007)
- 무역결제론(삼영사, 2010)
- 최신 무역영어(공저, 탑북스, 2011)
- 물류관리론(탑북스, 2012)
- 국제물류론(삼영사, 2013)

[주요논문]
- 부산항 신항과 부산진해경제자유구역의 연계 발전 방안
- Incoterms, 2010의 복합운송물류조건의 이용실태 분석과 활성화
- 우리나라 제3자물류 기업의 성공요인에 관한 연구
- 글로벌 항만컨테이너터미널 경쟁력 제고 방안
- 해양경제특구의 성공 요인 등 다수

저자와의 협의하에 인지생략

최신 무역영어 [제2판]

2011년 9월 20일 제1판 1쇄 발행
2020년 8월 20일 제2판 1쇄 인쇄
2020년 8월 30일 제2판 1쇄 발행

저 자 송 계 의
발행인 김 광 식
조 판 아 람 기 획

발행처 07285 서울특별시 영등포구 선유로3길 10, 617호
도서출판 **탑 북 스**
등 록 2009.12.21 제 2016-000101 호
전 화 02)365-2223 팩스 02)365-2224

ⓒ 2020, 송계의

정가 20,000 원

ISBN 979-11-90247-27-6-93320

이 책의 무단전재 또는 복제행위는 著作權法 제136조에 의거, 5년 이하의 징역 또는 5,000만원 이하의 벌금에 처하게 됩니다.